Pocket Power

Jürgen Ensthaler

Produkt- und Produzentenhaftung

W0390535

HANSER

Management und Qualität!

www.qm-infocenter.de – das führende Fach-Portal bietet Ihnen umfassende Informationen:

■ **Exklusiv:** Das Online-Archiv der Zeitschrift QZ Qualität und Zuverlässigkeit!

■ **Richtungweisend:** Fach- und Brancheninformationen stets top-aktuell!

■ **Informativ:** News, wichtige Termine, Bookshop, neue Produkte und der Stellenmarkt

QM **Click for Competence!**

INFOCENTER

www.qm-infocenter.de

Inhalt

Einführung

Dieses Buch behandelt die beiden großen Gebiete, die man unter dem Oberbegriff „Juristische Aspekte eines Qualitätsmanagements“ zusammenfassen kann; behandelt werden die Produzenten- und die Produkthaftung und die Bedeutung der Qualitätssicherungsvereinbarungen, wie sie zwischen Herstellern und Zulieferanten in heutiger Zeit geschlossen werden.

Das bedeutsamste Gebiet ist das der Produzenten- bzw. Produkthaftung. Hier geht es nicht nur darum, dass die durch das Produkt zu Schaden gekommenen Konsumenten von dem Hersteller, der den entsprechenden Fehler zu vertreten hat, entschädigt werden müssen; zuvörderst geht es darum, dass dieser Hersteller im Zusammenhang mit der Konstruktion und der Produktion neuer Produkte sich seiner Verantwortung gegenüber dem Konsumenten bewusst sein muss. Wenn es einerseits den Unternehmen erlaubt ist, nahezu jedes Produkt, auch jedes gefährliche Produkt, auf den Markt zu bringen, so müssen die Unternehmen andererseits auch in einer Verantwortung gegenüber dem Konsumenten stehen, damit nur solche Produkte den Markt erreichen, die auch hinreichend sicher sind. Die Produzenten- bzw. Produkthaftung ist demnach das Damoklesschwert, das über den Unternehmen schwebt und das sie ständig daran erinnern soll, dass fehlerhafte Produkte zur Haftung führen.

Man kann sicher vortrefflich darüber streiten, welcher Sorgfaltsmaßstab zur Begründung der Produzenten- bzw. Produkthaftung jeweils anzulegen ist, man wird aber innerhalb marktwirtschaftlicher Systeme nicht darüber streiten können, dass mit dem Produzieren und dem Inverkehrbringen von Waren auch Sorgfaltspflichten der Unternehmen gegenüber den Konsumenten bestehen und insofern eine schlechte Konstruktion bzw. Produktion auch mit Haftung zu sanktionieren ist. Die Alternative hierzu wäre eine staatliche Bevormundung hinsichtlich der Frage, welche Produkte überhaupt auf den Markt gebracht werden dürfen; dies wäre innerhalb eines marktwirtschaftlichen Systems ein falsches Mittel zur Eindämmung vermeidbarer Haftungsrisiken. Innerhalb marktwirtschaftlicher Systeme ist das Risiko der Haftung bei fehlerhafter Konstruktion und Produktion das richtige Mittel, um Risiken einzudämmen.

Qualitätssicherungsvereinbarungen sind Verträge, die der Hersteller mit seinem Zulieferunternehmen abschließt. Sie bilden die rechtliche Grundlage, auf der arbeitsteilige Produktionsprozesse vollzogen werden. Zum einen geht es in diesen Qualitätssicherungsvereinbarungen darum, die Voraussetzungen für sichere Fertigungsprozesse durch Zulieferer zu schaffen. Zum anderen werden durch die Qualitätssicherungsvereinbarungen aber auch Verantwortungsbereiche und Haftungsrisiken von Zulieferern und Endherstellern festgelegt und begrenzt.

Qualitätssicherungsvereinbarungen haben demnach auch eine Haftungsverteilungsfunktion. Insbesondere diese Haftungssituation soll hier behandelt werden.

1 Produkthaftung im Überblick

WORUM GEHT ES?

Unter Produkthaftung oder Produzentenhaftung versteht man die Haftung des Herstellers für Folgeschäden im Zusammenhang mit der Benutzung seiner Produkte. Es geht bei der Produkt- bzw. Produzentenhaftung nicht um das Einstehen für die Gebrauchsfähigkeit und Funktionstüchtigkeit der Ware, sondern um den Ausgleich von Folgeschäden, die sich infolge fehlerhafter bzw. unnötig gefährlicher Waren einstellen.

Fall
Wie unterscheiden sich Schäden an der Kaufsache selbst von den Folgeschäden?

Der Schwimmschalter-Fall

„BGHZ 67, 359 ff.: Maschinenfabrik V verkaufte an Fabrikant K eine Reinigungsanlage mit elektrisch beheizten Drähten. Der Heizstrom sollte bei Flüssigkeitsmangel durch einen Schwimmschalter (Wert: wenige Euro) unterbrochen werden. Da dieser nicht funktionierte, kam es durch Überhitzung zu einem Brand, der die Reinigungsanlage (Wert: 10 000 €) und Vorräte des K (Wert: 25 000 €) zerstörte. K forderte 35 000 € Schadensersatz" (Medicus 1993, S. 393).
Der Bundesgerichtshof hätte dahin entscheiden können, Schadensersatz nur hinsichtlich der Vorräte zuzubilligen (die sind mit Sicherheit einem Mangelfolgeschaden zurechenbar). Der BGH entschied anders; Schadensersatz wurde dem Kläger auch im Hinblick auf die zerstörte Reinigungsanlage zugesprochen (sog. „weiterfressender Schaden").
Der Bundesgerichtshof ist in ständiger Rechtsprechung darum bemüht, den Mangelfolgeschaden sehr weit zu fassen. Schadensersatz wird also auch für die Beschädigung der Kaufsache selbst über das Deliktsrecht zugesprochen, soweit

es nur möglich ist, die Schadensursache technisch/wirtschaftlich auf Geräteteile zu beschränken.
Ein weiteres Beispiel für diese Rechtsprechung findet sich in BGHZ 86, 256 ff. (Gaszug-Fall). Hier kam es zu einer mehrfachen Beschädigung eines Pkws, weil der Gaszug nicht funktionierte und der Wagen selbst dann noch beschleunigte, wenn der Fuß bereits vom Gas genommen war.

Als Produkte werden dabei alle industriellen Erzeugnisse aufgefasst, unabhängig, welche Gefahren von ihnen im Einzelnen ausgehen oder wofür sie verwendet werden.

Ursprünglich war die Produkthaftung vom Gesetzgeber nicht als ein besonderer Problembereich angesehen worden, weshalb sich die im Laufe der Zeit herausgebildeten Regelungen zur Verantwortlichkeit für Produktschäden und -folgeschäden in verschiedenen Gesetzeswerken (BGB, ProdHaftG, Spezialgesetzen, wie etwa das AMG) niederschlugen. Als Haftungsregelungen sind dort die Verschuldens- und die Gefährdungshaftung verankert.

Verschuldenshaftung

Für die Anwendung der Verschuldenshaftungsregelung wird vorausgesetzt, dass der Schaden dem Verursacher nicht nur zugeordnet, sondern auch persönlich vorgeworfen werden kann. Es muss fahrlässig oder sogar vorsätzlich gehandelt worden sein. Die Anforderungen an das Verschulden sind allerdings durch die Rechtsprechung wesentlich beeinflusst worden. Im Rahmen der Produzentenhaftung wird im Falle rechtswidrigen Handelns das Verschulden regelmäßig gegen den Hersteller „vermutet“; es ist demnach Sache des Herstellers, den Entlastungsnachweis zu führen.

Gefährdungshaftung

Bei der Gefährdungshaftung tritt die Haftung für einen Schaden unabhängig vom Verschulden ein; der Umstand fehlerhafter Herstellung ist ausschlaggebend.

Die Gefährdungshaftung ist seit dem 1. 1. 1990 im ProdHaftG geregelt. Außerdem gibt es weitere Spezialgesetze für bestimmte Haftungsbereiche, wie z.B. § 1 UmweltHG, § 22 WHG, §§ 32 ff. GenTG etc.

Die beiden Haftungssysteme unterscheiden sich in der Praxis nicht wesentlich. Bei der Deliktshaftung wird das Verschulden gegenüber dem Hersteller vermutet; der Unterschied zur verschuldensunabhängigen Gefährdungshaftung nach dem ProdHaftG ist dann nicht mehr groß. Auch die Bestimmung eines „Fehlers" im Sinne des ProdHaftG wird in den meisten Fällen nicht ohne Rückgriff auf die Verhaltenspflichten möglich sein, welche die deliktische Produzentenhaftung (§§ 823 ff. BGB) begründen. Es steht einem Produkt nicht auf der Stirn geschrieben, ob es unnötig gefährlich, also fehlerhaft ist. Fehlerhaft wird es z.B. dann sein, wenn bei der Konstruktion mögliche Gefahrenbereiche übersehen wurden. Um dies feststellen zu können, wird man wieder auf die Verhaltenspflichten der deliktischen Produzentenhaftung, also auf die für diesen Bereich bestimmten Verkehrssicherungspflichten zurückgreifen müssen (z.B. auf der Grundlage des Standes von Wissenschaft und Technik zu konstruieren).

Bild 1 gibt einen Überblick über die im Rahmen der Produkthaftung nebeneinander bestehenden Haftungssysteme.

10 Produkthaftung im Überblick

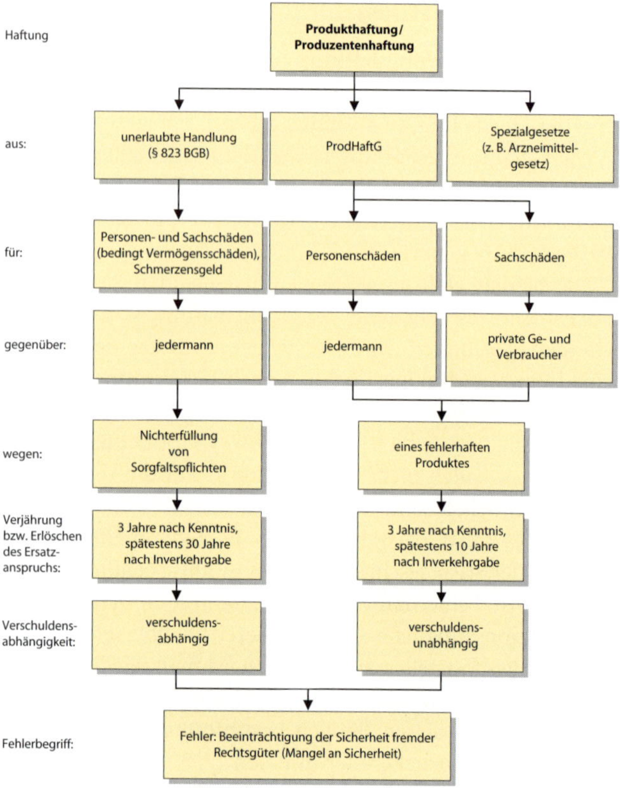

Bild 1: *Überblick zur Produzenten- und Produkthaftung*

2 Deliktsrechtliche Produzentenhaftung – Haftung aus §§ 823 ff. BGB

WORUM GEHT ES?

2.1 Grundlage

Die Grundlage der deliktsrechtlichen Produzentenhaftung bildet der § 823 Abs. 1 BGB.

§ 823 BGB Schadensersatzpflicht

(1) Wer vorsätzlich oder fahrlässig das Leben, den Körper, die Gesundheit, die Freiheit, das Eigentum oder ein sonstiges Recht eines anderen widerrechtlich verletzt, ist dem anderen zum Ersatz des daraus entstehenden Schadens verpflichtet.
(2) Die gleiche Verpflichtung trifft denjenigen, welcher gegen ein den Schutz eines anderen bezweckendes Gesetz verstößt. Ist nach dem Inhalt des Gesetzes ein Verstoß gegen dieses auch ohne Verschulden möglich, so tritt die Ersatzpflicht nur im Falle des Verschuldens ein.

§ 823 Abs. 1 BGB nennt die geschützten Rechtsgüter, als solche werden aufgezählt:

Leben

Das menschliche Leben ist das höchste Rechtsgut schlechthin. Es ist grundgesetzlich gesprochen unverletzbar, Art. 2 GG.

Körper

Auch die körperliche Unversehrtheit wird grundgesetzlich garantiert. Als Verletzung des Körpers sehen wir den äußeren Eingriff in die körperliche Integrität an.

Gesundheit

Als Verletzung der Gesundheit wird die Störung innerer Lebensvorgänge, die Beeinträchtigung des physiologischen und psychischen Zusammenspiels im Körper des Menschen angesehen. Üblicherweise führt die Verletzung des Körpers auch zu einer Verletzung der Gesundheit. In diesem Fall wird entweder von Körper- und Gesundheitsverletzung gemeinschaftlich gesprochen oder genauer die Gesundheitsverletzung als von der Körperverletzung aufgezehrt angesehen.

Freiheit

Die von § 823 Abs. 1 geschützte Freiheit ist die körperliche Bewegungsfreiheit. Die allgemeine Handlungsfreiheit, also die Befugnis, nach eigenem Gutdünken zu handeln, wird nicht wahrgenommen; sie wird vielmehr im Rahmen des allgemeinen Persönlichkeitsrechts geschützt.

Eigentum

Dem Eigentümer steht die umfassende Berechtigung an dem körperlichen Gegenstand zu, so dass er mit der Sache frei umgehen, andere davon ausschließen und darüber verfügen kann, § 903 BGB. Die Verletzung des Eigentums kann auf verschiedene Weise geschehen. Es kann die Sache entzogen, auf die Sachsubstanz eingewirkt, die Funktion des Eigentums gestört oder die Zuordnung zum Eigentümer aufgehoben werden. Für die Produzentenhaftung sind insbesondere die Fälle der Substanzverletzung und der Funktionsverletzung von Bedeutung.

Absolute sonstige Rechte

§ 823 Abs. 1 schützt nur die absoluten Rechte, also Rechte, die dem Inhaber gegenüber „jedermann" zustehen. Ausgeschlossen sind damit Rechtspositionen, die nur im Verhältnis zu bestimmten Personen bestehen, also im Verhältnis der Vertragsparteien zueinander. Solche Rechte werden durch das Vertragsrecht, nicht durch das Deliktsrecht geschützt. Sie sind damit auch nicht Gegenstand der Produzentenhaftung. Zu den absoluten sonstigen Rechten im Sinne von § 823 gehören insbesondere:

- der Besitz – er wird vom Deliktsrecht so weit geschützt, als der Schutz des Sachenrechts reicht (§§ 854 ff. BGB);
- Immaterialgüterrechte – angesprochen sind in erster Linie das Patent, das Gebrauchsmuster, das Urheberrecht;
- das Recht am eingerichteten und ausgeübten Gewerbebetrieb – der darauf gerichtete Tatbestand besteht heute im unmittelbaren oder betriebsbezogenen Eingriff in den eingerichteten und ausgeübten Gewerbebetrieb. Nicht betriebsbezogen sind Verletzungen anderer Personen oder Institutionen sowie entfernte Ereignisse. Sonst würde der persönliche oder der sachliche Schutzbereich zu weit gezogen. Wird also der Betriebsinhaber oder werden Mitarbeiter verletzt, so ist der Betrieb nur mittelbar verletzt, mag der Schaden in einem Personalengpass oder im Betriebsausfall wegen fehlenden Personals bestehen. Zerreißt z. B. ein Bagger das Stromkabel und tritt wegen Stromausfalls eine Produktionsunterbrechung ein, so liegt auch nur ein mittelbarer Eingriff in den produzierenden Betrieb vor.

2.2 Zentraler Begriff

Zentraler Begriff für das Verständnis der Produzentenhaftung ist der Rechtsbegriff „Verkehrssicherungspflichten“. Wenn dieser Begriff verstanden ist, sind zwei ganz wesentliche Probleme gelöst:

- Es wird verständlich, dass nicht die Produktion gefährlicher Güter „an sich“ verboten ist, ansonsten wäre bei der hohen Anzahl von Verkehrstoten schon die Produktion von Pkws verboten.
- Es wird erkennbar, dass der Begriff „Verkehrssicherungspflichten“ nicht nur dem Juristen Arbeitshilfe ist, sondern dem Unternehmen die konkreten Verhaltensanforderungen nennt, die es zu beachten gilt, wenn das Unternehmen nicht in die Haftungssituation kommen will.

2.3 Verkehrssicherungspflichten

2.3.1 Bedeutung der Verkehrssicherungspflichten

Für eine Verletzung eines Rechtsgutes ist der Schädiger nur verantwortlich, wenn sie auf ein ihm zurechenbares Verhalten zurückzuführen ist. Das Verhalten des Herstellers muss ursächlich für die Verletzung sein. Üblicherweise wird die Zurechenbarkeit nach der Frage entschieden, ob ein erfahrener und sorgfältiger „Beobachter“ mit der Möglichkeit eines Schadenseintritts gerechnet hätte.

Diese Fragestellung reicht aber bei der Produzentenhaftung zur Begründung der Ursächlichkeit nicht aus. Das liegt daran, dass dem Hersteller nur in Ausnahmefällen die Herstellung und das Inverkehrbringen des Produkts selbst vorgeworfen werden können; diese Handlungen sind regelmäßig haftungsrechtlich irrelevant.

Daraus folgt, nicht alle Umstände, die für eine Verletzung von Rechtsgütern ursächlich sind, dürfen für die Haftung herangezogen werden, weil sonst jedes Inverkehrbringen eines irgendwie gefährlichen Produkts mit Haftung bedroht wäre. Die Verkehrssicherungspflichten haben daher im Wesentlichen die Funktion, den deliktsrechtlich relevanten Verantwortungsbereich der Hersteller zu bestimmen. Sie sagen dem Hersteller, welche Handlungen oder welches Unterlassen zur Haftung führen kann, d.h. welches Verhalten im Zusammenhang mit der Herstellung und dem Inverkehrbringen eines Produkts geeignet erscheint, für einen bestimmten Schaden ursächlich (kausal) zu sein.

Verkehrssicherungspflichten sind daher ernstzunehmende Verhaltensanweisungen. Nicht jedes Verhalten kann die Haftung begründen, sondern nur ein Verhalten, das gegen eine Verkehrssicherungspflicht verstößt.

Ein Unternehmen, das seine Organisation auch im Hinblick auf die Vermeidung von Produkthaftungsfällen organisiert, muss zumindest die seitens der höchstrichterlichen Rechtsprechung genannten Verkehrssicherungspflichten auf die betriebliche Relevanz hin analysieren und in klare Verhaltensdirektiven für die Mitarbeiter umsetzen.

Wer ein Produkt herstellt oder importiert und es anderen überlässt (es in den Verkehr bringt), muss die aus dem Produkt anderen drohenden Gefahren nach Möglichkeit gering halten. Unterlässt er dies, so haftet er jedem, der befugtermaßen in den Gefahrenkreis der Sache gekommen ist.

Dieser Rechtssatz ist im Grunde nur eine Konsequenz aus dem im gesamten Zivilrecht geltenden Verbot des widersprüchlichen Verhaltens. Ein widersprüchliches Verhalten fällt sicher demjenigen zur Last, der Kunden in seinen Gefahrenbereich lockt (den Kunden seine Waren überlässt) und sie dort ohne den nach der Verkehrsanschauung (Üblichkeit) zu erwartenden Schutz lässt.

Auch die Verkehrspflichten des Herstellers bestimmen sich demnach in Inhalt und Umfang nach dem allgemeinen Grundsatz, dass diejenigen Maßnahmen zu treffen sind, die zur Vermeidung bzw. Beseitigung einer Gefahr sowohl erforderlich als auch zumutbar sind. Um das zu präzisieren, wurden (vertypte) Pflichtenbereiche entwickelt, die aber immer an allgemeine Anforderungen anknüpfen. Gerade die Aufzählung der allgemeinen Kriterien gibt dem Unternehmen wertvolle Informationen im Hinblick auf die Entwicklung von Haftungsminderungsstrategien.

Verkehrssicherungspflichten haben bei der Produzentenhaftung nach §§ 823 ff. BGB eine weitere Bedeutung. Haftungsvoraussetzung ist dort, neben der Tatbestandsmäßigkeit und neben dem (persönlichen) Schuldvorwurf, dass der Hersteller rechtswidrig (pflichtwidrig) handelt.

Produkthaftungsfälle beruhen dagegen in aller Regel auf bloß mittelbaren Verletzungshandlungen oder auf Versäumnissen (Unterlassen), also Handlungen, bei denen rechtswidriges Verhalten nicht ohne weiteres unterstellt („indiziert") werden kann. Vielmehr muss die Rechtswidrigkeit erst begründet werden. Die Rechtswidrigkeit wird mit der Verletzung einer Verkehrssicherungspflicht begründet.

Die Verkehrssicherungspflichten haben schließlich auch für die Gefährdungshaftung nach dem ProdHaftG Bedeutung.

Außerhalb der sog. Ausreißerproblematik, also der Situation, dass im Zusammenhang mit der Fabrikation und der Qualitätskontrolle ein fehlerhaftes Produkt ausnahmsweise in den Vertrieb kommt, ist die Definition des Fehlers (§ 3 ProdHaftG) auch sozial determiniert. Wenn das Inverkehrbringen gefährlicher Güter an sich nicht verboten ist, aber gerade bei solchen Gütern ein Haftungsrisiko besteht, ist doch zunächst danach abzugrenzen, was die jeweiligen Verbraucherkreise an Sicherheit erwarten dürfen. Gerade das wird durch die Verkehrssicherungspflichten bestimmt.

2.2.3 Allgemeine Kriterien für die Eingrenzung der Verkehrssicherungspflichten

WIE GEHE ICH VOR?

Erwartungshorizont der Verkehrsteilnehmer

Maßgebend ist die durchschnittliche Erwartung derjenigen Verbraucher, für die das Produkt bestimmt ist. Wird das Produkt von Fachleuten verwendet, darf der Hersteller die bei diesen zu erwartenden Fachkenntnisse voraussetzen. Höhere Anforderungen bestehen bei Produkten, die für den Haushalt gedacht sind, z.B. chemische Produkte, und typischerweise auch in die Hände ganz unerfahrener Personen gelangen können.

Höhere Sicherheitsanforderungen werden regelmäßig auch dort verlangt, wo Lebens- und Gesundheitsgefahren drohen, die über den Bereich kleiner körperlicher Beeinträchtigungen hinausgehen; gerade dort sind nach der Rechtsprechung Gefahrabwendungsmaßnahmen zumutbar, auch wenn sie die Unternehmen erheblich finanziell belasten; dort sind besonders hohe technische Sicherheitsstandards zu erreichen. Hohe Anforderungen werden schließlich auch bei notwendiger Spezialisierung (notwendiges Fachwissen wird vorausgesetzt) gestellt.

Ökonomische Grenzen

Die Rechtsprechung steht dem Argument, dass betriebswirtschaftliche Zwänge die Verkehrssicherungspflichten reduzieren können, mit „spürbarer" Zurückhaltung gegenüber. Grundsätzlich soll gelten:

- Mindestsicherheitsanforderungen
  Ein Produkt muss die zu seiner Benutzung erforderliche Mindestsicherheit immer aufweisen. Geräte, die eine Basissicherheit (Orientierungspunkt: Übereinstimmung mit den „allgemein anerkannten Regeln der Technik") nicht haben, dürfen nicht in den „offenen Verkehr" kommen.
- „Höhere" Sicherheitsanforderungen
  Eine an ökonomischen Zwängen orientierte Relativierung beginnt bei der „höheren Sicherheit". Dadurch wird sichtbar, dass die Bedeutung ökonomischer Zwänge für den Haftungsbereich nicht sehr weitreichend ist. Höhere Sicherheitsanforderungen werden regelmäßig dort verlangt, wo Lebens- und Gesundheitsgefahren drohen, die über den Bereich kleinerer körperlicher Beeinträchtigungen hinausgehen.
- Verbrauchererwartungen/Preis
  Gerade bei Lebens- und erheblichen Gesundheitsgefahren sind nach der Rechtsprechung Gefahrabwendungsmaßnahmen zumutbar, auch wenn sie die Unternehmen erheblich finanziell belasten, dort sind insbesondere hohe technische Sicherheitsstandards zu erreichen. Anknüpfungspunkt für die Frage nach einer Relativierung der Herstellerpflichten ist, wie angeführt, die Verbrauchererwartung, und insofern kann durchaus der Preis eines Produkts von Bedeutung sein. Zwischen Preis und Sicherungspflicht besteht eine natürliche Beziehung. Der

Verbraucher, der aus einem Produktangebot das billigste herausgreift, kann nicht erwarten, dass ihm die höchstmögliche Sicherheit gegen alle Beeinträchtigungen geboten wird; er kann nicht damit rechnen, dass alle möglichen Vorkehrungen getroffen sind, um bei Unfällen die Schadensfolgen gering zu halten.

- Stand von Wissenschaft und Technik
  Ein weiterer hier relevanter Anknüpfungspunkt ist die stetige Fortentwicklung des Standes von Wissenschaft und Technik. Eine Verpflichtung des Herstellers zur sofortigen Anpassung seiner Produkte an neue sicherheitstechnische Erkenntnisse wird die Allgemeinheit ernsthaft nur bei ganz bedeutsamen Sicherheitsgewinnen vermuten und entsprechendes Verhalten erwarten, etwa bei Gefahren für Leben und Gesundheit in besonders sensiblen technischen Bereichen (z.B. Kraftfahrzeugsektor). Ansonsten wird es dem Hersteller aus Kostengründen zuzubilligen sein, kostenangemessen umzustellen. Der Hersteller hat aber ggf. durch Preisabstriche, Warnungen u.Ä. den Verbraucher auf das Sicherheitsdefizit seiner (alten) Waren hinweisen.
- Unternehmensgröße
  Ob die Unternehmensgröße als solche für den Pflichtenbereich mitentscheidend sein kann, ist bislang offen. Die juristische Literatur diskutiert kontrovers. Dagegen spricht, dass der Verbraucherschutz nicht von Fragen der Wettbewerbspolitik abhängen kann. Damit ist gemeint, wer den allgemein erwarteten Sicherheitsstandards nicht genügen kann, hat dem Markt fernzubleiben. Dafür spricht, dass die Produktion von Waren, bei denen die Grundsicherheit (Basissicherheit) beachtet ist, nur dann rechtswidrig ist, wenn es dem jeweiligen Hersteller angesichts der Restgefahr zumutbar gewesen wäre, eine höhere

Sicherheit zu gewährleisten. Der Kostenspielraum, der dem jeweiligen Unternehmen für die Produktsicherheit eröffnet ist, kann nicht völlig außer Betracht bleiben. Seitens der Literatur wird jedenfalls zunehmend die Ansicht vertreten, dass dem Hersteller Gelegenheit bleiben sollte, die etwaigen Grenzen für den Sicherheitsaufwand in einem Betrieb der von ihm geführten Art aufzuzeigen.

Fall

Hat die sog. „Umkehr der Beweislast" hinsichtlich des Verschuldens auch Bedeutung für Kleinbetriebe?

Das Hochzeitsessen

BGHZ 116, 104ff.: M betreibt eine Gaststätte. Die Kläger bestellten dort für sich und 54 Gäste ihr Hochzeitsessen. Der Nachtisch war von F, der Ehefrau des M, zubereitet worden. Die Kläger und weitere Gäste erkrankten an Salmonellen, die bei M in den Nachtisch gelangt waren. Die Kläger fordern u.a. von M und F Ersatz wegen der verschobenen Hochzeitsreise und ein Schmerzensgeld.
Ausgangsfrage war, ob die sog. „Umkehr der Beweislast" hinsichtlich des Verschuldens auch Bedeutung für Kleinbetriebe hat?
Man könnte daran denken, dass es dem Geschädigten bei einem Kleinbetrieb mit nur wenigen Angestellten möglich und auch zumutbar ist, die Gründe für das Verschulden darzulegen und auch insofern die Beweislast zu tragen. Der Bundesgerichtshof hat dies in der angegebenen Entscheidung abgelehnt. Die sog. Umkehr der Beweislast (der Unternehmer muss sich entlasten) gilt auch für die Kleinbetriebe.

2.3.3 Umfang der Verkehrssicherungspflichten

WORUM GEHT ES?

Rechtsprechung und juristische Literatur klassifizieren die Verkehrssicherungspflichten nach bestimmten Fehlerkategorien bzw. Fallgruppen. Die folgende Einteilung ist in Rechtsprechung und Literatur üblich geworden; unterschieden wird zwischen

- Konstruktionsfehlern,
- Fabrikationsfehlern,
- Instruktionsfehlern,
- Organisationsfehlern und
- unzureichender Produktbeobachtung.

Branchenübergreifend und auch ohne nähere bzw. weitere Produktdifferenzierung ist es schwer, den Pflichtenkreis konturenhaft darzustellen. Durch die Gegenüberstellung von grundsätzlichen Pflichten zu nicht verlangten Maßnahmen und durch erste Hinweise auf technische Anforderungen (Stichwort: „Stand von Wissenschaft und Technik“) ist eine Orientierung möglich, die dann schrittweise zu verfeinern ist.

Konstruktionsfehler

Das Produkt ist schon seiner Entwicklung nach so beschaffen, dass es unter dem gebotenen Sicherheitsstandard bleibt.

Gründe: unnötig gefährliche Materialien, unzulängliche Dimensionierung von an sich ungefährlichen Materialien oder eine gefährliche Bauweise.

Konstruktionsfehler haften der ganzen Serie an. Sie können zu außerordentlich hohen Ersatzansprüchen führen.

WIE GEHE ICH VOR?

Zur Fehlervermeidung sind daher die folgenden Aspekte zu beachten:

- Materialwahl:
  Im Rahmen der Konstruktion ist die Entscheidung über die Eignung bestimmter Materialien zu treffen.

Beispiel
Die Materialwahl kann sich dabei z.B. beziehen auf: die Druckfestigkeit, die Reißfestigkeit, die Splittergefahr, bestimmte, durch die Nutzung geforderte Belastbarkeiten, die Verschleißzeit, die Gefahr der Materialermüdung, die Korrosionsanfälligkeit, die Temperaturbeständigkeit, die Wasserdichtigkeit, die Brennbarkeit und die Explosionsgefahr.
Ebenso ist auf die Giftigkeit der Stoffe, insbesondere bei Kinderspielzeug, Gefäßen für Lebensmittel/Nahrungsaufnahme, Holzschutzmittel für Inneneinrichtung und PCP-haltige Stoffe zu achten. Die Formaldehydbelastung von Einrichtungsgegenständen muss sich in den vorgeschriebenen Grenzen halten.

  Anhaltspunkte für die Gefährlichkeit von Stoffen bietet die Gefahrstoffverordnung (Verordnung zum Chemikaliengesetz) vom 26.8.1986.
  Der Hersteller muss aber immer eigenverantwortlich prüfen, inwieweit der Stoff nach Intensität und geplanter Verwendung innerhalb des Produkts für den Verbraucher gefährlich sein kann und ob weniger gefährliche Stoffe verwendet werden können.
- Materialprüfung (Belastung, Verschleiß etc.):
  Die Prüfungen sind durch fachkundiges Personal (evtl. externe Institute) mit Kontrollanlagen und -verfahren durchzuführen, die dem neuesten Stand von Wissenschaft und Technik entsprechen.
- Materialbearbeitung:
  Materialbearbeitung und Anordnung sind so zu planen, dass Gefährdungen weitestgehend ausgeschlossen sind.

Beispiel

- Ränder von Glasscheiben sind zu schleifen, falls Benutzer mit ihnen in Berührung kommen können.

- Durch stromführende Teile darf der Benutzer nicht gefährdet werden.
- Kindermöbel müssen so konstruiert sein, dass eine Selbstgefährdung unmöglich ist.
- Bei gefährlichen Werkzeugen, Pressen, Schneidewerkzeugen müssen Schutzeinrichtungen auch bei fehlerhafter Bedienung Unfälle verhindern (allerdings sind hier in besonderem Maße Zumutbarkeitsgesichtspunkte zu beachten).
- Bei medizinisch-technischen Geräten ist Perfektion „oberstes Gebot".
- Die Medizingeräteverordnung bildet mit ihren Anforderungen nicht die Obergrenze der Verkehrspflichten.
- Auch die Betriebserlaubnis für Kraftfahrzeuge (§ 20 StVZO) entlastet den Hersteller nicht; die Genehmigungsvoraussetzungen bilden nur Mindeststandards.
- Materialverbindungen müssen ungefährlich sein. Erst systematisch durchgeführte Belastungsproben hinsichtlich Verschraubung, Vernietung, Klebung, Lötungen und Verschweißungen geben hinreichenden Aufschluss über die erforderliche Festigkeit.
- Schließlich kann trotz ungefährlicher Produktsubstanz die Mechanik unnötig gefährlich sein, etwa (Fälle aus der Rechtsprechung):
- Aufgrund der Eigenvibration konnte bei einer Raupe der Schalthebel in den Rückwärtsgang rutschen.
- Skibindungen müssen trotz Vereisung funktionsfähig bleiben.
- Bei einem Langholzwagen hatte sich eine Runge (Verschluss) gelöst und das Funktionieren des Verschlusses konnte konstruktionsbedingt nicht visuell kontrolliert werden.

Fall

Aufgrund welcher organisatorischen Maßnahmen können Konstruktionsfehler vermieden werden?

Hier werden nur beispielhaft einige wichtige Maßnahmen genannt:

- Durch organisatorische Maßnahmen ist sicherzustellen, dass bei der Konstruktion neuer Produkte alle relevanten technischen Regeln beachtet werden.
- Die Produktion darf erst aufgenommen werden, wenn die Entwicklung des Produkts erprobt ist.
- Der Unternehmer muss Vorkehrungen dafür treffen, dass seine Forschungs- und Entwicklungsabteilungen Zugang zu den neuen Erkenntnissen von Wissenschaft und Technik erhalten (Schulungen, Einrichtung einer Betriebsdokumentation, Auswerten von Fachzeitschriften).
- Zu Beginn der Produktplanung haben sich die Verantwortlichen intensiv mit der Frage auseinander zu setzen, von welcher Personengruppe das zu konstruierende Produkt später benutzt wird. Sie haben vorauszuplanen, über welches Wissen diese Personengruppe wahrscheinlich verfügen wird, welche Gefahren von dieser Gruppe mit einer gewissen Wahrscheinlichkeit nicht erkannt werden, ob die Personengruppe besonders gefährdet ist oder nicht.

Fabrikationsfehler

Solche Fehler entstehen bei der Herstellung selbst. Das Produkt weist nicht das Sicherheitsniveau auf, welches bei ordnungsgemäßer Umsetzung der (fehlerfreien) Konstruktion erreicht worden wäre.

Gründe: manuelle Ungeschicklichkeit oder Unachtsamkeit; Verschleiß der Maschine, technische Unzulänglichkeit einer Maschine, fehlerhafte Bedienung von Maschinen und überhaupt jedes menschliche Fehlverhalten – bis hin zur Sabotage.

WIE GEHE ICH VOR?

Zur Fehlervermeidung sind daher die nachfolgenden Maßnahmen durchzuführen:

Qualitätskontrolle durch Betriebsorganisation

Es muss eine Organisation geschaffen werden, die auf vollständige Fehlerbekämpfung ausgelegt ist; es bedarf eines geschlossenen Qualitätssicherungssystems mit kompetentem Personal.

Qualitätskontrolle durch Kontrollverfahren und Kontrolltechnik

Kontrollverfahren und Kontrolltechnik müssen dem neuesten Stand von Wissenschaft und Technik entsprechen; soweit es um die Basissicherheit geht, sogar ohne Rücksicht auf den erforderlichen Aufwand und den Produktpreis. Kontrollarten sind dabei:

- Sichtprüfung
  Bei Serienprodukten ist es nur noch in Ausnahmefällen zulässig, die Sicherheitskontrolle nur auf Sicht (mit dem bloßen Auge) vorzunehmen. Insbesondere dort, wo ein Versagen des Kontrollpersonals gravierende Folgen haben kann, müssen zuverlässigere Prüfmittel eingesetzt werden.
- Manuelle Messung
  Messung mit Hilfsmitteln mechanischer Art führt meist (wo es überhaupt möglich ist) zu hinreichend genauen Ergebnissen. Gewissenhafte Überprüfung jedes Prüfstücks ist erforderlich, durch den „Unsicherheitsfaktor Mensch" wird die Überprüfung jedoch wieder unsicher. Zum Erreichen der Basissicherheit kann sie nur dann gefahrlos

durchgeführt werden, wenn zugleich sichergestellt ist, dass das Personal nicht überfordert wird.

- Mechanische Prüfungen

  Mechanische Prüfungen sind nicht selten nur dann aussagefähig, wenn eine „zerstörende Kontrolle" stattfindet. Sie kann regelmäßig auf Stichproben beschränkt bleiben. Es kann dann aber eine Warnung der Verbraucher geboten sein. Bei besonderen Gefahren hat der Hersteller den möglichen Ausfall konstruktiv auszugleichen.
- Mess- und Laborautomaten

  Überall dort, wo es zur Vermeidung von erheblicher Gefahr für den Menschen oder kostenträchtiger Sachgüter geht und zudem die Gefahr besteht, dass bei konventionellen Kontrollverfahren Fehler übersehen werden, sind Mess- und Laborautomaten für die Kontrolle einzusetzen. Die Verkehrspflicht kann auch dahin gehen, auf die spezielle Fertigung zugeschnittene Prüftechniken zu entwickeln oder entwickeln zu lassen.
- Hundertprozentige Prüfungen

  Bei großen Gefahrenbereichen sind hundertprozentige Prüfungen durch modernste Prüftechniken erforderlich.

Beispiel

Solche modernen Prüftechniken sind beispielsweise:

- die Ultraschallprüfung,
- die magnetische Flutung,
- die röntgenologische Prüfung und
- die Laserstrahlprüfung.

Fall

Unter welchen Voraussetzungen anerkennt die Rechtsprechung einen sog. Ausreißer noch haftungsentlastend (Aus-

reißer: fehlerhaftes Produkt kommt trotz Vorsichtsmaßnahmen in den Vertrieb)?
Auch in der Herstellungsphase kann keine absolute Sicherheit, sondern nur die Einhaltung der Verkehrspflichten verlangt werden. Davon geht auch die Rechtsprechung des BGH aus; ihr zufolge hat aber der Hersteller zu „beweisen, dass es sich bei dem schadhaften Produkt um einen trotz bester Kontrollen immer wieder einmal vorkommenden „Ausreißer" handelt" (BGH NJW 1975, 1827, 1828).

Instruktionsfehler

Instruktionsfehler sind Fehler bezüglich der unzureichenden Warnung vor gefährlichen Wareneigenschaften. Dem Hersteller wird vorgeworfen, dass er auf eine Gefahr überhaupt nicht, nur unvollständig, unklar, ohne gebotenen Nachdruck hingewiesen hat oder dass er die Gefahr bagatellisiert hat.

Der Hersteller kann sich durch die Beachtung von Warnpflichten nicht der anderen Pflichtenbereiche entziehen. Fehler bei Entwicklung und Fertigung können also nicht dadurch geheilt werden, dass der Hersteller auf ein entsprechendes Versäumnis hinweist.

WIE GEHE ICH VOR?

Der Zweck einer solchen Warnpflicht besteht darin, dem Benutzer die Möglichkeit zu geben, sich auch vor solchen Gefahren zu schützen, mit denen er nicht rechnet. Ferner darin, dass er überhaupt die Möglichkeit erhält bzw. dazu angeregt wird, sich ein evtl. weniger gefährliches Produkt auszusuchen.

Gebotene Aufklärung

Eine Aufklärungspflicht besteht, wenn die Gefahr schon durch konstruktive Maßnahmen hätte vermieden werden können, dies dem Hersteller aber nicht zumutbar war.

Darüber hinaus besteht sie, wenn das Produkt bei bestimmungsgemäßem Gebrauch unschädlich ist und nur bei Fehlgebrauch, unsachgemäßem Gebrauch oder ausgesprochen bestimmungswidrigem Gebrauch Schäden eintreten können oder, wenn es, z.B. bei Arzneimitteln, Kosmetika, Reinigungs-, Desinfektions-, Insektenvertilgungsmitteln etc. vorkommt, dass nur bestimmte – zu Allergien neigende – Personen gefährdet werden können.

Der Benutzer hat grundsätzlich einen Anspruch darauf, nicht nur die nützlichen Eigenschaften eines Produkts zu erfahren, sondern auch die gefährlichen und die sich aus diesen ergebenden Anwendungsrisiken.

Der Benutzer ist auch darüber aufzuklären, wie sich diese Gefahren vermeiden lassen.

Grenzen

Die Instruktionspflicht besteht nur im Rahmen der Verbrauchererwartung. Was auf dem jeweiligen Gebiet im allgemeinen Erfahrungswissen der in Betracht kommenden Abnehmerkreise liegt, braucht nicht zum Inhalt einer Gebrauchsanleitung oder Warnung gemacht zu werden. Die Rechtsprechung des BGH hierzu lässt sich aber nicht genau einschätzen.

- Von dem Hersteller eines Insektenvernichtungsmittels hat der BGH keinen Hinweis verlangt, dass auch bei nützlichen Insekten, z.B. Bienen, schädliche Einwirkungen entstehen können, dies konnte als selbstverständliches Wissen vorausgesetzt werden.

- Andererseits hat der BGH in der „Milupa"-Entscheidung festgestellt, dass der Hersteller von zuckerhaltigem Kindertee auf die Gefahr von Karieserkrankungen besonders hinzuweisen hat; eine Information innerhalb der „Zubereitungsanweisungen" reiche hierfür nicht aus.

Die Rechtsprechung lässt sich wohl dahin analysieren, dass auf das Wissen des jeweiligen Verbraucherkreises abzustellen ist, wobei das Wissen der am wenigsten informierten Verbraucherkreise ausschlaggebend sein soll. Wer sich mit seinen Produkten ausschließlich an wiederum Gewerbetreibende wendet, bei denen ein entsprechendes Fachwissen vorausgesetzt werden kann, hat demnach geringere Instruktionspflichten. Hinsichtlich des von der Rechtsprechung unterstellten Wissensbereiches der Allgemeinheit ist allerdings größte Vorsicht geboten.

Werden an Fachbetriebe bestimmte Zubehörartikel, etwa auch als Bausätze geliefert, so genügt es grundsätzlich, diesen eine Ein- oder Anbauanleitung beizufügen.

Der Hersteller ist grundsätzlich auch nicht verpflichtet, vor Gefahren zu warnen, die bei zweckfremder Produktverwendung drohen. Anderes gilt, wenn der Hersteller erkennt, dass sich bestimmte Missbrauchsformen in der Praxis häufen.

Besondere Warnhinweise sind aber entgegen dem oben Gesagten dann erforderlich, wenn versehentliche Fehlanwendungen zu befürchten sind, die überraschend schwere Folgen haben können.

Eine besondere Hinweispflicht besteht auch dann, wenn die Ware einer Gattung angehört (z.B. Kunststoff), die sich hinsichtlich ihrer Gefährlichkeit mehrfach einteilen lässt, dass also einzelne Gattungsprodukte weniger gefährlich als andere sind. So ist z.B. bei bestimmten Kunststoffprodukten (z.B. Celluloid) ein Hinweis auf die Brandgefahr erforderlich.

Fall
Welche Kriterien sind für die Erfüllung der Instruktionspflicht maßgeblich, insbesondere, auf welche Verbrauchergruppen ist jeweils abzustellen?

Der Milupa-Fall BGHZ 116, 60 ff.

Die Beklagte stellt Säuglingsnahrung her, u.a. ein mit Zucker gesüßtes Instant-Tee-Getränk, zudem sog. Nuckel-Flaschen. Der Kläger verlangt Schadensersatz, weil er infolge jahrelangen Nuckelns (als Kleinkind) Zähne durch Karies verloren habe.
Der BGH betont in dieser Entscheidung zunächst die schon bekannte Pflicht des Herstellers zur Produktbeobachtung und Warnung der Verbraucher. Diese Warnung müsse deutlich erfolgen; sie dürfe nicht zwischen anderen Informationen versteckt sein und müsse den Grund von Gesundheitsgefahren plausibel machen.
Daran fehle es, wenn die Warnung nur in den Zubereitungshinweisen stehe (so war das hier der Fall); eine über die Zubereitung bereits informierte Mutter werde nämlich diese Hinweise nicht lesen.
Der BGH stellt hier sehr hohe Anforderungen an die Informationspflicht. Der BGH differenziert zwischen drei Verbrauchergruppen, auf deren Erkenntnisstand abzustellen ist. Die erste Gruppe besteht aus den intelligenten und gebildeten Müttern oder Vätern, die wissen, dass man eine Gebrauchsanweisung auch lesen sollte, wenn man meint, schon alles zu wissen. Die zweite Gruppe besteht aus den Müttern/Vätern, die nicht einmal wissen, wie man Kindertee (Instant-Tee) zubereitet und deshalb in die Zubereitungsanweisung hinein-

schauen müssen; diese Mütter/Väter lesen dann auch dort, dass langanhaltendes Nuckeln zu Karieserkrankung führt. Zur dritten Gruppe gehören schließlich die Mütter/Väter, die zwar wissen, wie man Kindertee zubereitet, die aber nicht wissen, dass langanhaltendes Nuckeln von zuckerhaltigem Kindertee zu Karies führen kann. Auf diese Gruppe hat der BGH in der o. g. Entscheidung abgestellt, als er die Firma zum Schadensersatz verurteilte. Weil die Warnung vor Karies nicht auf einem Sonderzettel, der sofort ins Auge fällt, erwähnt war, war die Instruktionspflicht verletzt. Diese Entscheidung ist – wohl mit Recht – häufig als überzogen kritisiert worden.

Produktbeobachtung

Im Allgemeinen hat der Hersteller bei Konstruktion und Fabrikation dafür zu sorgen, dass die Sicherheit seiner Waren zur Zeit ihrer Inverkehrgabe dem neuesten Stand von Wissenschaft und Technik entspricht. Diese Pflicht kann nicht mit dem Inverkehrbringen eines Produkts enden; es besteht die Wahrscheinlichkeit, dass sich bestimmte Fehler erst im Zusammenhang mit der Verwendung des Produkts ergeben. Die Produktbeobachtungspflicht ist also noch ein Teil der Herstellerpflicht, nur fehlerfreie Produkte in Verkehr zu bringen. Der Hersteller hat also auch nach Inverkehrbringen sein Produkt zu beobachten, er muss vor neu auftretenden Gefahren warnen und die Verbraucher ggf. auch durch Rückrufaktionen schützen.

WIE GEHE ICH VOR?

Die Produktbeobachtungspflicht knüpft also einerseits an die vorhergehenden Pflichten – Konstruktion und Fabrikation – an und berücksichtigt andererseits, dass bestimmte Gefahren erst nach Inverkehrbringen des Produkts erkannt werden können. Die Verletzung der Produktbeobachtungspflicht kann dabei durchaus auch originär sein. War es dem Hersteller bislang mit zumutbarem Aufwand nicht möglich, zu erkennen, dass ein Fehler vorliegt, so führt erst ein Defizit an Produktbeobachtung zur Haftung. Hätte er dagegen schon früher den Fehler erkennen können, so kann eine unzulängliche Produktbeobachtung unter Umständen sogar zu strafrechtlichen Konsequenzen führen.

- Die Produktbeobachtung erstreckt sich auf sämtliche Waren, die in Verkehr gebracht worden sind. Sie bezieht sich grundsätzlich nicht nur auf neuartige, sondern auch auf bereits seit längerem eingeführte Produkte.

Beispiel
Die Folgeschäden des Kontrastmittels Thorotrast traten erst nach zwölf bis 15 Jahren zutage, die krebserzeugenden Eigenschaften des amerikanischen Medikaments Diethylstilbesterol (DES) sogar erst nach 20 bis 30 Jahren. Auch plötzlich eintretende Materialermüdungen stellen sich unter Umständen erst nach Jahren heraus, Gefahren aus dem Zusammentreffen des Produkts mit neuen Wirkstoffen sind gänzlich unberechenbar.

- Der Hersteller hat auch zu beobachten, in welcher Art und Weise der Verbraucher das Produkt im Zusammenhang mit anderen Produkten verwendet oder mit diesen kombiniert und ob sich daraus besondere Gefährdungen ergeben.
- Die Beobachtungspflicht beginnt mit der Inverkehrgabe des Produkts und nicht erst dann, wenn es zu Schadensmeldungen kommt.

- Der Hersteller hat eine Organisation zu schaffen, die ihm eine geordnete Informationserfassung und Auswertung ermöglicht.
- Er muss sicherstellen, dass ihn auch die entsprechenden Informationen erreichen. Er muss Zeitungs- und Testberichte, Fachzeitschriften und die Erkenntnisse der Unfallforschung verfolgen, seine Mitarbeiter ggf. zu Fachkongressen schicken und nach Möglichkeit auf Polizei- oder Versicherungsstatistiken zugreifen. Er hat seine Absatz- und Vertriebsketten um Mithilfe zu bitten; er hat ein Meldesystem zu organisieren, durch dessen Funktionsweise die Rückkoppelung gewährleistet ist.
- Der Umfang der einzelnen Maßnahmen ist davon abhängig, welches abstrakte Gefahrenpotential erwartet wird (Wahrscheinlichkeit und Folgen), insbesondere ist der Umfang davon abhängig, ob Gefahren für Leib, Leben und Gesundheit zu erwarten sind.

  Sind lediglich Sachschäden zu erwarten, so reichen weniger einschneidende Maßnahmen aus (z.B. bei batteriebetriebenen nichtmechanischen Geräten, Textilien, Fotoartikeln u.Ä.).
- Verfügt der Hersteller über ein autorisiertes Absatz- und Vertriebssystem, so hat er dieses System auch zur Produktbeobachtung einzusetzen. Soweit rechtlich möglich, ist der Vertriebsorganisation aufzugeben, Schadensmeldungen dem Hersteller unverzüglich einzureichen.

Über die Dauer der Beobachtungspflicht lassen sich keine allgemeinen Aussagen machen. Die Pflicht endet grundsätzlich nicht mit der maximalen Lebensdauer der Produkte. Gründe dafür sind vielschichtig. Es kann sich z.B. so verhalten, dass Produkte relativ lange bei einzelnen Vertriebshändlern lagern, bevor sie beim Verbraucher benutzt werden und dann erst einem Verschleiß unterliegen.

Auf welchen Zeitpunkt kommt es an?

- Grundsätzlich muss der jeweils geforderte Stand bei Inverkehrgabe des Produkts beachtet sein.
- Die Rechtsprechung erkennt aber auch Härtefälle an. Wenn die Entwicklungsarbeit bei Inverkehrbringen bereits lange Zeit zurückliegt, wenn das Sicherheitsdefizit kurz vor Serienfertigung bekannt wird, so braucht die Produktion nach der Rechtsprechung nicht gestoppt zu werden, wenn die Mindestsicherheit erreichbar ist und Hinweise und Warnungen angemessen kompensieren können (dem Verbraucher muss bekannt werden, dass die angebotene Qualität bereits technisch überholt ist und es muss auf Gefahren hingewiesen werden).
- Auch nach dem Inverkehrbringen hat die Beachtung des jeweils geforderten technischen Standards Bedeutung.
- Die herausgegebenen Produkte sind auf Risiken hin zu beobachten.

  Die Verbraucher sind hinsichtlich Nebenfolgen, entdeckter Spätschäden u. Ä. zu warnen.

  Falsch ist die Auffassung, eine Produktbeobachtungspflicht bestehe nur in den Fällen, in denen ein begründeter Anlass besteht, es liege ein Konstruktionsfehler vor. Auch Fabrikationsfehler können unentdeckt bleiben und zu bedeutsamen Fehlern führen. Bestimmte Produktgefahren werden erst nach Veräußerung und etwaiger Fehlanwendungen durch die Benutzer erkennbar.

  Die Pflicht zur Produktbeobachtung beschränkt sich nicht nur auf Produkte, die besonders gefährlich sind. Auch völlig harmlose Produkte können derart fehlerhaft hergestellt sein, dass sie – plötzlich und unerwartet – zu Gefahrenquellen werden.

- Sind Gesundheit oder körperliche Unversehrtheit in zahlreichen Fällen bedroht, ist bereits dann eine Warnung auszusprechen, wenn ein ernstzunehmender Verdacht besteht. Nicht erst dann, wenn der wissenschaftliche Nachweis geführt ist.
- Besteht die Gefahr ganz schwerer Schäden, muss schon gehandelt werden, wenn nur die Möglichkeit besteht, dass sich der Verdacht als richtig erweist.

  Sind nur leichte Schäden zu erwarten, genügt es, dass der Hersteller zunächst versucht, gezielt zu prüfen (insbesondere, wenn nur Sachschäden zu erwarten sind).

  Die Pflicht zur Produktbeobachtung lässt sich nur sehr schwer eingrenzen. Zwei Hinweise seien an dieser Stelle jedoch angemerkt:

  - Die Pflicht zur Beobachtung endet regelmäßig nicht nach einer bestimmten Zeit seit Inverkehrbringen der Produkte.
  - Hat sich ein Produkt in der Praxis bewährt, kann sich der Umfang der Pflicht mindern – den Hersteller trifft unter Umständen keine Pflicht zur aktiven Beobachtung mehr. Spätere Beanstandungen hat er aber zu überprüfen (bzw. überprüfen zu lassen, z. B. durch Testinstitute).
- Das Produkt ist bei dessen Einsatz in der Praxis zu überprüfen:

  Eignet sich das Produkt für den vorgesehenen Einsatz?

  Welche Mängelrügen und Beschwerden werden erhoben?

  - Hat es Unfälle gegeben, sind „Beinaheunfälle“ bekannt geworden, sind schädliche Nebenwirkungen bekannt geworden?

- Gibt es Testberichte, Veröffentlichungen, Mitteilungen aus der Händlerorganisation, Mitteilungen in Fachzeitschriften, Forschungsberichte etc.?
- Es sind Informationen zu sammeln, ob das Produkt zweckentfremdet benutzt wird.
- Bestimmte Produkte werden mit anderen kombiniert; es ist herauszufinden, welche Erfolge bzw. Misserfolge sich dabei ergeben haben.

▶ Sind im Falle von Fehlern oder im Falle von falschen Verwendungen Leben und Gesundheit der Produktbenutzer oder anderer Personen ernstlich beeinträchtigt, sind umfangreiche Maßnahmen, und zwar im Sinne einer „aktiven" Produktbeobachtung erforderlich:

- Aufbau eines effizienten Informationssystems (Aufbau einer Außenorganisation, evtl. über die Vertragshändler, Verfolgung von Ergebnissen wissenschaftlich-technischer Kongresse, Verfolgung von Testberichten in Verbraucher-/Fachzeitschriften).
- Sind nur Eigentums- bzw. Besitzrechte in geringem Umfang gefährdet (Hersteller von z.B. Schreibgeräten, Textilien, Fotoartikeln), reduziert sich die Produktbeobachtungspflicht auf ein Reagieren, die aktive Beobachtungspflicht entfällt.

▶ Der Hersteller muss auf die selbst gewonnenen bzw. bei ihm eingehenden Informationen reagieren:

- Er muss herausfinden, ob Unfälle auf Fehlbenutzungen oder Fehler des Produkts zurückzuführen sind.
- Eventuell – insbesondere wenn sich nicht sofort klären lässt, ob eine Fehlanwendung oder ein Produktfehler vorliegt – müssen die vor Produkteinführung vorgenommenen Testverfahren wiederholt werden, und es ist die Beobachtung zu intensivieren. Es kann angezeigt

sein, ein Gutachten von einer neutralen Stelle einzuholen.

- Sind die Produkte fehlerhaft, ist zu differenzieren:
  - Noch nicht ausgelieferte Produkte
    Auslieferung nur nach Beseitigung des Fehlers, evtl. – wenn eine gefahrlose Produktverwendung nur so möglich ist – Beifügung besonderer Gefahren- und Anwendungshinweise.
  - Ausgelieferte Produkte
    Alles Zumutbare ist zu tun/zu veranlassen, um die Gefahr abzuwenden, ohne Rücksicht darauf, ob der Hersteller selbst oder ein Zulieferer den Fehler zu verantworten hat.
    Es kann genügen, dass der Hersteller den Verbrauchern oder denjenigen, die für die Produktverwendung verantwortlich sind (z.B. Architekten, Baustoffhändler, Ärzte), weitere Hinweise für die Handhabung, Anwendung, Haltbarkeit etc. gibt oder Warnungen erteilt. Die Unterrichtung genügt nur, wenn berechtigterweise davon ausgegangen werden kann, dass sie die gefährdeten Personen erreichen.
    Für eine wirksame Unterrichtung kann es erforderlich sein, großangelegte Warnaktionen über Presse, Funk und Fernsehen zu starten.
    Sind zur Abwendung der Gefahr zusätzliche Schutzeinrichtungen erforderlich, so sind diese den Abnehmern anzubieten.
    Bei erheblichen Fehlern in der Serienproduktion sind Rückrufaktionen häufig unumgänglich – insbesondere bei Kraftfahrzeugen, Bohrmaschinen, Antriebsmaschinen für gefährliche Werkzeuge (Sägen, Hobel, Fräsen), die von Handwerkern und Heimwerkern benutzt wer-

den. Auch bei elektrischen Nähmaschinen, Küchengeräten, Radio- und Fernsehgeräten, Arzneimitteln, Kosmetika, Lebensmittelkonserven etc. werden Rückrufaktionen bei erheblichen Fehlern verlangt.

Wirtschaftliche Erwägungen haben bei Lebens- und Gesundheitsgefahren grundsätzlich keinen Einfluss auf die Gefahrenabwendungspflicht des Herstellers.

Fall

Der Hersteller von Motorrädern schafft an seinen Fahrzeugen Vorrichtungen zum Anbringen von Rennverkleidungen. Ist er verpflichtet, den entsprechenden Zubehörmarkt zu überprüfen und ggf. Warnungen auszusprechen?

Hondafall

„BGHZ 99, 167 ff. (dazu Kullmann, BB 1987, 1957 ff.; Schmidt-Salzer, BB 1987, 721 ff.): Der Sohn des Klägers war mit einem Honda-Motorrad bei hoher Geschwindigkeit tödlich verunglückt. Unfallursache war die Instabilität des Motorrades wegen einer erst vom Vorbesitzer angebrachten, nicht von Honda produzierten Lenkradverkleidung. Den Beklagten (Honda und deren Importeuren) wurde vorgeworfen, die Benutzung der Honda-Motorräder nicht rechtzeitig vor den Gefahren aus der Lenkradverkleidung gewarnt zu haben.

Die Besonderheit dieses Falles liegt darin, dass das von den Beklagten zu verantwortende Motorrad an sich nicht gefährlicher war, als es Motorräder nun einmal sind. Zu entscheiden war also, ob sich die „Produktbeobachtungspflicht" auch auf von Dritten produziertes Zubehör erstreckt. Die Vorinstanz (OLG München) hatte das nur für solches Zubehör bejaht, das der Produzent der Hauptsache selbst empfahl. Der BGH (a. a. O. S. 174 ff.) geht jedoch darüber hinaus: Er erstreckt die Beobachtungspflicht auch auf übliches Zubehör, insbesondere wenn dessen Anbringung (z. B. durch Ösen an dem Produkt) vorbereitet ist und das Hauptsachenprodukt ohnehin an der Grenze der „Sicherheitserwartungen der Benutzer" liegt. Aus der Pflicht zur Produktionsbeobachtung folgt dann eine Pflicht zur Warnung der Benutzer, deren schuldhafte Verletzung eine Haftung aus § 823 I begründen kann." (Medicus 1993, S. 395 f.)

Besonderheit:

Erhebliche Erweiterung der Produktbeobachtungspflicht – unter bestimmten Voraussetzungen sind auch die Produkte fremder Unternehmen (Zubehörhersteller) zu beobachten. Zur besseren Orientierung folgende Anmerkungen:

Zubehör-Beobachtungspflicht

- Kategorienbildung:

  Notwendiges Zubehör

  ist erforderlich, um das eigene Produkt erst funktionsfähig zu machen (Bereifung, Sicherheitsgurte, Scheinwerfer, Erstausstattung).

  Vorgeplantes Zubehör

  Zubehör, dessen Verwendung aufgrund besonderer Vorrichtungen (Halterungen, Ösen) ermöglicht wird (Dachgepäckträger, Feuerlöscher, Rennverkleidung).

Für beide Gruppen gilt:

Auch ohne konkreten Anlass muss der Zubehörmarkt überwacht und überprüft werden, nur getestetes Zubehör darf empfohlen werden bzw. in der Gebrauchsanleitung, evtl. durch Aufkleber, muss vor den Gefahren gewarnt werden.

  Allgemein gebräuchliches Zubehör

  wird üblicherweise (häufig) bei dem Hauptprodukt verwandt (Zusatzscheinwerfer, Ziergegenstände).

  Überwachung und Überprüfung nur bei konkretem Anlass.

- Differenzieren:

  Das Zubehör „als solches" ist fehlerhaft = keine Pflichten des Herstellers der Hauptsache.

  Das eigene Produkt ist bereits fehlerhaft, wenn es nicht die – berechtigterweise – erwarteten Eigenschaften besitzt, mit einem Zubehörteil kombiniert zu werden.

Organisationspflicht (betriebliche Organisation)

Organisationspflichten sind zum Teil schon Bestandteil der bisher genannten Pflichten. Ohne sachgerechte, gefahrenbewusste Organisation des Betriebs werden sich die genannten Pflichten kaum erfüllen lassen. Als Beispiel kann die Situation des Rückrufs genannt werden. Der Hersteller hat mit der Möglichkeit zu rechnen, dass ein Rückruf seiner Produkte erforderlich wird, und bereits im Vorfeld so zu organisieren, dass er schnell alle Betroffenen – soweit möglich – erreichen kann (z. B. Einschaltung der Medien).

Anknüpfend an die Rechtsprechung des Reichsgerichts urteilte der Bundesgerichtshof bereits im Jahre 1951, dass der Unternehmer eine allgemeine „Überwachungs- und Organisationspflicht habe, deren Verletzung zur Haftung aus § 823 Abs. 1 BGB führen kann". Die Organisationspflicht ist im Grunde genommen eine Kardinalpflicht des Herstellers: „Die Produzentenhaftung ist und bleibt eine Frage des organisatorischen Versagens …" Der Hersteller hat, wenn ihm im Produkthaftungsprozess ein Organisationsfehler vorgeworfen wird, nachzuweisen, dass er mit dem ihm zumutbaren Aufwand für eine effektive Organisation seines Betriebs gesorgt hat. Später war die Rede von der Pflicht des Unternehmers zur „allgemeinen Oberaufsicht", in manchen Urteilen ist generell die Rede von einer erforderlichen „sachgerechten Organisation", von der Pflicht, einen Betrieb ordentlich zu organisieren oder von der Schaffung einer Organisation. Bereits dem Reichsgericht und heute dem Bundesgerichtshof geht es bei der Begründung bzw. Anerkennung einer Organisationspflicht darum, dem Unternehmer bzw. der Unternehmensleitung eine „Restverantwortung" aufzuerlegen, für die er sich nicht entlasten kann. Im Rahmen der deliktsrechtlichen Haftung kann der Unternehmer bzw. die Unternehmensleitung die ihnen obliegenden Verkehrssicherungspflichten auf Arbeitnehmer oder Dritte, regelmäßig auf Arbeitnehmer, übertragen. Sind die bestellten Personen für diese Aufgaben an sich geeignet und hat er sie hinreichend überwacht, so kann er sich nach § 831 BGB für deren Fehlverhalten entlasten. Die Organisationspflicht hingegen ist so ausgestaltet, dass sie eine nicht delegierbare Mindestpflicht des Unternehmers bzw. der Unternehmensleitung ist. Dies bedeutet, der Inhaber des Produktionsbetriebs bzw. die für eine AG oder GmbH bestellten Organe handeln auf eigene Gefahr, wenn sie die für die Produktsicherheit grundlegenden organisatorischen Maßnahmen von Mitarbeitern treffen lassen. Der Hersteller kann diese Pflicht gerade nicht auf Mitarbeiter mit der rechtlichen Wirkung übertragen, dass er nur noch für deren ordnungsgemäße Auswahl und Überwachung verantwortlich ist (§ 831 I BGB); er kann sich hier also nicht durch Exkulpation (es sei ordentlich ausgewählt und überwacht worden) aus der Haftung bringen.

WIE GEHE ICH VOR?

Die beiden Bereiche können kaum zweifelsfrei voneinander getrennt werden. Die folgenden Bereiche fallen wohl unter den Anwendungsbereich von § 823 I BGB, der eine Exkulpation nicht zulässt:

- Die Einrichtung und Unterhaltung sowie Überwachung von Organisationsbereichen selbst (körperschaftliche Organisationspflicht);
- die Einrichtung von Arbeitsplätzen, die auch den Anforderungen entsprechen, die im Interesse der Produktsicherheit zu stellen sind;

- Überwachungsmaßnahmen, die sich nicht auf bestimmte Mitarbeiter, sondern auf einen Arbeitsprozess beziehen;
- allgemeine Arbeitsanweisungen und Richtlinien fallen in den Verantwortungsbereich des Herstellers (der Gesellschaft bzw. des Einzelkaufmanns, der das Unternehmen betreibt).

Folgende Organisationspflichten gehören zu § 831 BGB:

- Die ordnungsgemäße Auswahl bzw. Überwachung der Verrichtungsgehilfen;
- Einzelanweisungen an die Gehilfen in Ausübung ihrer Tätigkeiten;
- die Pflicht des Herstellers, die in seinem Betrieb vorgesehenen Arbeitsplätze mit geeigneten Kräften zu besetzen und diese zu beaufsichtigen.
  Aber:
- Die Pflicht, hinreichend viele und hinreichend spezialisierte Arbeitsplätze bereitzustellen, folgt aus § 823 I BGB;
- zu § 823 I BGB gehört auch die hier einschlägige Pflicht, das Personal nicht zu überfordern:
  - Festlegung von Zeiträumen für Erholungspausen,
  - Bereitstellung von Ersatzkräften für Urlaubszeiten und Krankheit etc., damit bei Ausfall die Arbeitskollegen nicht über Gebühr belastet werden,
  - Aufstellen von Zeit- und Vertretungsplänen;
  - die Ersatzkräfte müssen grundsätzlich ebenso wie die ausgefallenen Arbeitskräfte qualifiziert sein, dies gilt namentlich für höhere Angestellte und Führungspersonal.
- Generell gilt:
  Dem Hersteller obliegt auf der Grundlage von § 823 I BGB die „allgemeine Oberaufsicht“ über seinen Betrieb. Sie er-

streckt sich auf das Personal – auf Zahl und Zuschnitt der Arbeitsplätze und die grundlegenden Anweisungen – und auf den technisch-gegenständlichen Bereich.

Beispiel
Nach LG Hanau VersR 1955, 785: Ein sechsjähriges Kind wurde durch das explosionsartige Zerspringen einer Mineralwasserflasche schwer verletzt. Zu dem Unfall war es gekommen, weil die Flasche über die Füllhöhe hinaus mit Mineralwasser abgefüllt worden war. Eine Arbeiterin hatte die Kontrolle der Füllhöhe nicht ordentlich durchgeführt. Die Arbeiterin hatte die Aufgabe, ca. 2500 Flaschen stündlich zu kontrollieren. Bei dieser Arbeitsbelastung waren Ermüdungen und Unaufmerksamkeiten geradezu wahrscheinlich; es kam zur Haftung des Herstellers.

Die Organisationspflicht bezieht sich auf alle Verkehrssicherungspflichten. Der Unternehmer hat im Rahmen des Erforderlichen und Zumutbaren hinsichtlich der Personal- und auch der Sachorganisation umfangreiche Maßnahmen zu treffen:

Personalorganisation

Die Betriebsabteilungen sind personell so auszustatten, dass sie ihre für Dritte gefährlichen Tätigkeiten gewissenhaft ausüben können.

- Das Qualitätsbewusstsein der Mitarbeiter muss laufend geschult werden.
- Es muss ausreichend geschultes Kontrollpersonal vorhanden sein.
- Für Krankheitsfälle und Urlaub sind Vertretungen einzuplanen.

- Auch Unternehmen kleinerer Größenordnung müssen sich die Qualitätsregelung und damit die Schadensabwehr zur besonderen Aufgabe machen; erforderlichenfalls, wenn der Betriebsinhaber bzw. die Organe einer Gesellschaft das nicht selbst ausreichend erledigen können, ist eine für diese Aufgaben besondere Betriebsabteilung einzurichten.
- Es ist eine – unabhängige – Prüfabteilung einzurichten, die insbesondere Neuentwicklungen selbständig überprüfen kann.
- Eine Mindestpflicht besteht darin, dass der Unternehmer für alle Pflichtenbereiche allgemeine Aufsichtsanweisungen erlässt, die die Gewähr für eine ordentliche Betriebsprüfung bieten.
- Es sind präzise Anweisungen darüber zu geben,
  - welche Arbeitskräfte von wem zu beaufsichtigen und
  - welche Produkte oder Halbfertigfabrikate von wem zu kontrollieren sind.

Sachorganisation

- Pflichten im Konstruktionsbereich

  Durch organisatorische Maßnahmen ist sicherzustellen, dass bei der Konstruktion neuer Produkte alle technischen Regeln beachtet werden.
  - Die Organisation muss gewährleisten, dass die Produktion erst aufgenommen wird, wenn die Entwicklung des Produkts erprobt ist.
  - Der Unternehmer muss Vorkehrungen dafür treffen, dass seine Forschungs- und Entwicklungsabteilungen Zugang zu den neuen Erkenntnissen von Wissenschaft und Technik erhalten (Schulungen, Einrichtung einer

Betriebsdokumentation, Auswerten von Fachzeitschriften).

- Pflichten im Fabrikationsbereich
  - Es besteht grundsätzlich keine Pflicht, technische Einrichtungen zur Produktionssteuerung zu verwenden.
  - Wenn aber erhebliche Produktgefahren nur durch Einsatz von technischen Geräten auszuschließen sind, dann müssen diese Geräte angeschafft werden.
  - Durch organisatorische Maßnahmen an den Arbeitsplätzen ist dafür zu sorgen, dass während des Fabrikationsvorganges eine fehlerlose Produktion gewährleistet ist bzw. keine schädlichen Stoffe beigemischt oder zugesetzt werden.
  - Prüfeinrichtungen und Kontrollverfahren sind insbesondere dort zu installieren, wo nur durch Produktkontrollen schadensträchtige Erzeugnisse ausgesondert werden können.
  - Die Prüfeinrichtungen und Kontrollverfahren müssen dem Stand der Technik entsprechen und konstruktionsangepasst sein.
  - Der Unternehmer bzw. die Unternehmensleitung müssen Richtlinien erarbeiten, die sich mit dem Einsatz der geschaffenen betrieblichen Einrichtungen befassen. Es müssen Kontrollsysteme ausgearbeitet werden und es muss darauf geachtet werden, dass Umbau- bzw. Einbauanweisungen (z.B. der Zulieferer) auch die erreichen, die für die Produktion bzw. Kontrolle verantwortlich sind.
- Pflichten im Instruktionsbereich

  Die Erfüllung der Instruktionspflichten setzt regelmäßig eine Zusammenarbeit vieler Abteilungen des Betriebs voraus. Es ist dafür zu sorgen, dass das in den jeweiligen

Abteilungen (Konstruktion, Fabrikation etc.) gewonnene Wissen über Gefahrensituationen zusammengeführt wird, damit es in die Gebrauchsanleitungen bzw. Warnhinweise eingehen kann.

- Pflichten im Produktbeobachtungsbereich
  Hier kann in erster Linie nur wiederholt werden, was zum Inhalt der Pflicht selbst gesagt wurde. Zur Organisation dieser Pflichten gehören danach der Aufbau und die Überwachung einer Organisation, die eine ordentliche Produktbeobachtung gewährleistet. Daneben muss der Unternehmer bzw. die Unternehmensleitung Vorsorge dafür treffen, dass man auch kurzfristig zusätzliche Warnungen und Instruktionen geben kann und auch Rückrufaktionen schnell durchführen kann.
- Auflistung besonders wichtiger Aufgaben:
  - Information und Anweisung der Mitarbeiter. In jedem Aufgabenbereich, der die Produktsicherheit berührt, müssen die Mitarbeiter zur Gefahrsteuerung angehalten werden. Dabei reicht eine bloße Mahnung, die Aufgaben ordentlich und umsichtig zu erfüllen, nicht aus. Weil der Hersteller die „Oberaufsicht" hat, hat er dafür zu sorgen, dass die Mitarbeiter überhaupt ordentlich ausgewählt und auch hinreichend beaufsichtigt werden können. Das Personal muss ständig vor Augen haben, dass durch die Arbeit Gefahrenquellen für Dritte verursacht werden können. Es muss darauf hingewiesen werden, welche Konsequenzen ein Fehlverhalten in einem bestimmten Aufgabenbereich für die Produktsicherheit haben kann und es müssen Möglichkeiten vorgestellt werden, solche Verhaltensfehler zu vermeiden. Dies gilt nicht nur für den innerbetrieblichen Bereich, sondern auch an den Schnittstellen für Außenbereiche, so müs-

sen die für die Eingangskontrolle Verantwortlichen darüber belehrt werden, nach welchen Kriterien die Zulieferer auszuwählen sind, welche Anforderungen deren Waren erfüllen müssen und wie diese geeignet zu überprüfen sind.

- Es müssen Ausnahmesituationen bedacht werden, etwa für den Fall, dass Mitarbeiter krank werden, dass Rückrufaktionen erforderlich werden, dass ungewöhnliche Ereignisse und Auffälligkeiten auch schnell und an geeigneter Stelle gemeldet werden können.
- Nach Möglichkeit sollte auch das betriebliche Vorschlagswesen die Mitarbeiter dazu anhalten, Vorschläge zur Verbesserung der Gefahrsteuerung zu überdenken.
- Komplexe Arbeitsprozesse sind auch hinsichtlich der Gefahrsteuerung intensiv zu überdenken und einzelne Arbeitsschritte in Formularen, Checklisten oder Arbeitsberichten festzuhalten. Der betriebliche Ablauf muss hinsichtlich aller Gefahrenbereiche so transparent gemacht werden, dass er für einen Fachkundigen – auch Außenstehenden – sofort überschaubar wird.
- Die Schadensverhütungshinweise müssen klar und detailliert und erforderlichenfalls (Intensität der Gefahrenlage) eindringlich sein. Die Vermeidung von Gefahrensituationen ist dem Personal „einzuschärfen“.
- Die Arbeitnehmer sind im Hinblick auf Sicherheitsanforderungen umfassend zu informieren. Dazu werden häufig auch Schulungen oder die Entsendung zu Fortbildungskursen erforderlich sein.
- Jeder Beschäftigte muss auch die Möglichkeit haben, die für seinen Arbeitsbereich einschlägigen Qualitätsregeln – den Qualitätsplan – im Qualitätshandbuch o. Ä. nachzulesen.

- Insbesondere müssen die Mitarbeiter, die im Bereich der Konstruktion, Fabrikation oder Qualitätssicherung mit technisch-wissenschaftlichen Fragen befasst sind, fortlaufend Gelegenheit erhalten, sich über neue Erkenntnisse auf ihrem Fachgebiet zu informieren.
- Es ist geboten, zumindest eine Betriebsfachdokumentation anzulegen, die den Stand der Technik mitteilt und auch betriebsinterne Erkenntnisse aufnimmt und damit auch zugleich Grundlage für einen späteren Entlastungsbeweis sein kann.
- Es ist für einen zuverlässigen Informationsaustausch zu sorgen, d. h. insbesondere dafür, dass Informationen nicht irgendwo „versickern", sondern weitergeleitet, geprüft und ggf. verbreitet werden.
- Die Ausstattung mit Arbeitsmitteln und Technik muss dem zu erwartenden bzw. wahrscheinlichen Gefahrenpotential entsprechen. Der Hersteller ist im Rahmen des Zumutbaren verpflichtet, sich mit Produktionsmitteln, Mess- und Kontrollgeräten auszustatten, die dem neuesten Stand von Wissenschaft und Technik entsprechen.
- Der Hersteller hat für eine Festlegung und vor allen Dingen Abgrenzung der Qualitätsverantwortung zu sorgen. Es darf keine Lücken bei der Gefahrsteuerung geben. Die Verantwortungsbereiche müssen klar und umfassend definiert sein. Es ist ein den betrieblichen Erfordernissen entsprechendes QS-System zu entwickeln und durchzuführen und ständig zu überprüfen.
- Bei Durchführung der Qualitätskontrolle hat der Hersteller nicht nur auf den Einsatz von geeigneten Messinstrumenten und Prüfverfahren zu achten, sondern auch arbeitspsychologische Momente zu berücksichti-

gen. So wäre es falsch, den für eine bestimmte Qualitätskontrolle als Verantwortlichen zu bestimmen, der die Konstruktion eines bestimmten Produkts ausführlich befürwortet hat, vielleicht sogar selber an der Konstruktion beteiligt war. Es ist also darauf zu achten, dass die Qualitätskontrolleure in einer gewissen Unabhängigkeit zu den Verantwortlichen der einzelnen Konstruktions- bzw. Produktionsabteilungen stehen.

- Die Organisationspflicht kann sich auch auf Maßnahmen außerhalb des Betriebs beziehen. So wird es regelmäßig zur Durchführung einer effektiven Produktbeobachtung erforderlich sein, die Vertriebshändler bzw. Händler mit einzubeziehen. Soweit möglich, sind auch die außerhalb des Betriebs stehenden Händler besonders zu verpflichten, zumindest zu informieren und um Mithilfe zu bitten. Dafür ist ebenfalls ein System zu entwickeln, das hinreichend effektiv ist (die Vertragshändler sind stets zu verpflichten; andere Händler sind, soweit nicht ein geschlossenes selektives Vertriebssystem vorliegt, nach Möglichkeit um Mithilfe zu bitten und diese Mithilfe ist transparent zu machen).

Fall

Welche Bedeutung hat die Einführung eines Qualitätsmanagementsystems für die Organisationspflicht des Herstellers?

Qualitätsmanagementsysteme helfen, eine Organisation aufzubauen, die auch helfen kann, Produkthaftungsfälle zu vermeiden. Die Normenreihe DIN ISO 9000ff. geht aber auf die Anforderungen der höchstrichterlichen Rechtsprechung nur unzureichend ein. Das gilt für DIN ISO 9001 und auch für DIN ISO 9004. Das Unternehmen muss hier im Hinblick auf seine eigenen Anforderungen bzw. Risiken verfeinern.

3 Technische Standards

WORUM GEHT ES?

Anforderungen durch die Benutzer:

- Es dürfen nur solche Produkte für den Vertrieb hergestellt werden, die von ihrer Konstruktion her gewährleisten, dass sie vom durchschnittlichen Benutzer gefahrlos verwendet werden können.
- Der Hersteller muss sich genauestens überlegen, wer sein Produkt üblicherweise benutzen wird und welche Einsatzbedingungen zu erwarten sind. Er muss die Eigenschaften der verwendeten Werkstoffe genauestens kennen.
- Im Allgemeinen reicht es aus, dass die Produkte bei bestimmungsgemäßem Gebrauch bzw. bei sachgemäßem oder typischem Gebrauch nicht gefährlich sind. Dies gilt insbesondere dann, wenn die Benutzer Fachleute sind, welche die Gefahren unsachgemäßer Benutzung erkennen können oder wenn die bei unsachgemäßem Gebrauch entstehenden Gefahren ohne weiteres von der Zielgruppe erkannt werden können.
- Wenn der Hersteller mit Unvorsichtigkeiten, mit unsachgemäßen Benutzungen rechnen muss, so hat er hingegen eine Konstruktion zu wählen, bei der die Benutzer auch in solchen Fällen nicht erheblich geschädigt werden können. Diese gesteigerte Sorgfalt wird vor allem dort verlangt, wo unterschiedlich „qualifizierte" Verbraucher (unterschiedliche Kenntnisse und Erfahrungen) das Produkt benutzen werden. Es hat hier eine Orientierung an der gefährdetsten Verbrauchergruppe zu erfolgen. Die Sorgfaltspflicht geht aber nicht so weit, dass auch das dieser Gruppe selbst gefährlich Erscheinende berücksichtigt werden muss.

- Der Hersteller hat darüber hinaus auch Sondersituationen bei der Benutzung zu berücksichtigen, indem er
  - Sicherheitsmargen einrichtet,
  - die langzeitige Nichtbenutzung berücksichtigt,
  - mit Überstrapazierungen rechnet und
  - naheliegende Fehlbenutzungen einplant.

3.1 Konkretisierung der Verkehrssicherungspflichten durch technische Standards

Der Inhalt der Verkehrssicherungspflichten ist durch Rechtsprechung und juristische Literatur immer mehr konkretisiert worden. Bei dieser Konkretisierung waren und sind mehrere Faktoren maßgeblich, wobei Art und Umfang der Herstellerpflichten bedeutsam von dem Sicherheitsniveau abhängen, das nach dem jeweiligen Erkenntnisstand von Wissenschaft bzw. Technik möglich und zumutbar ist.

3.2 Einteilung und Inhalte

In Anlehnung an gesetzliche Sprachgebräuche (§§ 16, 24 IV GewO, 3 VI BImSchG, § 7 II Nr. 3 AtomG) werden die technischen Anforderungen häufig anhand eines Dreistufenmodells dargestellt:

- allgemein anerkannte Regeln der Technik = Mindestsorgfalt,
- Stand der Technik = mittleres Sicherheitsniveau,
- Stand von Wissenschaft und Technik = höchste Anforderung.

3.2.1 Allgemein anerkannte Regeln der Technik

Allgemein anerkannte Regeln der Technik sind in Kreisen der betreffenden Techniker als richtig anerkannt und in der Praxis erprobt und bewährt.

3.2.2 Stand der Technik

Der Begriff des Standes der Technik hat keine eigenständige Bedeutung, weil gegenüber den allgemein anerkannten Regeln der Technik keine „wirkliche" Differenzierung möglich ist. Nach Aussage des BVerfG wird damit „der rechtliche Maßstab für das Erlaubte oder Gebotene hierdurch an die Front der technischen Entwicklung verlagert, da die allgemeine Anerkennung und praktische Bewährung allein für den Stand der Technik nicht ausschlaggebend sind". Im Grunde ist mit dieser Definition schon der „Stand von Wissenschaft und Technik" angesprochen.

3.2.3 Stand von Wissenschaft und Technik

Stand von Wissenschaft und Technik sind die Erkenntnisse, die nach dem letzten gesicherten Forschungsstand in Technik bzw. Naturwissenschaften die rechtzeitige Wahrnehmung und Vermeidung von Produktgefahren ermöglichen.

Höchste Anforderungen (Stand von Wissenschaft und Technik) werden in erster Linie im Konstruktionsbereich und bei der Qualitätskontrolle verlangt.

Im Konstruktionsbereich ist mit der technisch-wissenschaftlichen Entwicklung Schritt zu halten. Hersteller und Konstrukteure müssen sich regelmäßig an den neuesten ihnen zugänglichen technischen und wissenschaftlichen Erkenntnissen orientieren. Sie müssen sich über die „Fortentwicklung von Technik und Wissenschaft" informieren.

Doch müssen nicht alle Produkte derart beschaffen sein. Vielmehr ist auf den Erwartungshorizont der Verbraucher abzustellen. Einschränkungen ergeben sich dabei insbesondere bei sog. Billigprodukten.

Dem Hersteller ist jedoch zu raten, zumindest mit seinem Wissen „auf der Höhe der Zeit" zu sein. Nur so kann er die Risiken einschätzen, die entstehen, wenn er mit seinem Produkt hinter dem Stand von Wissenschaft und Technik zurückbleibt. Nur wenn er dieses Wissen hat, kann er überhaupt erwägen, welche (gefahrträchtigen) Konstruktionsteile höchsten Sicherheitsanforderungen genügen müssen und wo (gefahrlos) auf niedrigerem Sicherheitsniveau gearbeitet werden kann.

Auch bei der Qualitätskontrolle, einer weiteren Kardinalpflicht der Unternehmen, die im Grunde die gesamte Produktion begleitet, ist der Stand von Wissenschaft und Technik zu beachten.

Es ist ein Kontrollsystem aufzubauen, mit dessen Hilfe möglichst alle Schwachstellen überwacht werden können. Kontrolltechnik und Kontrollverfahren müssen grundsätzlich dem neuesten Stand von Wissenschaft und Technik entsprechen.

3.2.4 Erkundung des Standes von Wissenschaft und Technik

WIE GEHE ICH VOR?

Der Hersteller hat den Stand von Wissenschaft und Technik zu erkunden, durch:

- Auswertung der Fachzeitschriften,
- Verfolgung von Fachtagungen,
- Beobachtung gleichartiger Konkurrenzprodukte,
- geheim gehaltenes Know-how braucht er als solches nicht zu kennen,
- Test- und Prüfverfahren haben besondere Bedeutung (s. o.) und
- bei Zulieferprodukten (Zusatz- oder Hilfsstoffe, Einbauteile oder Halbfertigprodukte) muss schon bei der Konstruktion genau geprüft werden, ob sie den Anforderungen genügen.

Die Organisation muss dabei in erster Linie darauf gerichtet sein, Maßnahmen zu ergreifen, die eine fortlaufende Information über die relevanten Forschungsergebnisse gewährleisten, ferner darauf, alle relevanten gegenwärtigen Sicherheitsvorschriften zu sichten. Die Rechtsprechung verlangt dabei weder die Prüfung der Ansicht „irgendeines Wissenschaftlers“ (in einem entlegenen Winkel der Welt) noch die abweichende, schon exotische Meinung eines Wissenschaftlers, sondern erst die gesicherte Erkenntnis markiert nach ihr den Stand der Wissenschaft. Auch geheimes bzw. geheim gehaltenes Know-how muss nicht erkundet werden.

3.2.5 Zeitpunkt

Relevanter Zeitpunkt für das Vorliegen der neuesten wissenschaftlichen Erkenntnisse ist grundsätzlich die Inverkehrgabe des Produkts.

Härten, d.h., wenn die Entwicklungsarbeit lange zurückliegt oder das Sicherheitsdefizit erst kurz vor der Serienfertigung bekannt wird, werden von der Rechtsprechung berücksichtigt, sofern die Mindestsicherheit erreichbar ist und Hinweise und Warnungen das Sicherungsdefizit angemessen kompensieren können. Dem Verbraucher muss bekannt werden, dass die angebotene Qualität technisch überholt ist, und er muss auf die bestehenden Gefahren hingewiesen werden.

Auch nach dem Inverkehrbringen muss das Produkt weiterhin auf Sicherheitsrisiken hin beobachtet werden und, sofern erforderlich, der Verbraucher hinsichtlich entstehender Nebenfolgen und Spätschäden gewarnt werden.

3.2.6 Stand von Wissenschaft und Technik und Verkehrssicherungspflicht

Drohen Lebens- bzw. erhebliche Leibesgefahren oder sind ganz erhebliche Sachschäden im Falle einer Störung zu erwarten, so muss sich der Hersteller in jeder Entwicklungsphase, bei der diese Gefahren drohen, zur Abwendung der Gefahr am „Stand von Wissenschaft und Technik" orientieren. Je nach Produkteigenart kann es ausreichen, diesen Maßstab nur in der Konstruktionsphase und bei der Qualitätskontrolle oder aber (z. B.) auch bei der Instruktion zu beachten.

Die Pflicht zur Wahrung und Übernahme eines (hohen) Sicherheitsstandards hängt auch von der Kapazität und Spezialisierung ab und der Größe des Gefahrenpotentials: Wenn Gefahren für Leben und Gesundheit drohen, müssen Prüfgeräte, Testverfahren etc. dem neuesten Erkenntnisstand entsprechen; mit notwendiger Spezialisierung (notwendiges Fachwissen wird vorausgesetzt) ist auch in besonderem Maße den Produktrisiken nachzugehen, d. h., von ausgewiesenen Spezialisten erwarten die Verbraucher auch die Erfüllung hoher Standards.

Für die hier noch nicht konkret beantwortete Frage, wann der „Stand von Wissenschaft und Technik" zu beachten ist, spielt auch die Frage nach der Zumutbarkeit hinsichtlich der Erlangung des maßgeblichen Kenntnisstandes eine bedeutsame Rolle. Folgende Fragen sind dabei von Bedeutung:

- Ist die Maßnahme technisch einfach oder nur schwierig durchzuführen?
- Welche finanziellen Anstrengungen sind erforderlich, um die Maßnahmen durchzuführen?
- Welche Möglichkeiten (finanziell, organisatorisch, technische Ausstattung) hat der Hersteller überhaupt?
- Welche Rechtsgüter werden in welchem Maße gefährdet?
- Entstehen erhebliche Gefahren für Leib und Leben und Gesundheit von Menschen?

Im Grundsatz gilt jedoch immer, dass im Falle von Lebens- oder Gesundheitsgefahren für Menschen, die über den Bereich kleinerer körperlicher Beeinträchtigungen hinausgehen, Gefahrabwendungsmaßnahmen zumutbar sind, auch wenn sie den Sicherungspflichtigen erheblich finanziell belasten oder wenn Warnungen vor Gefahren den Absatz stören. Für diesen Gefahrenbereich sind hohe technische Sicherheitsstandards zu erreichen.

3.3 Technische Normen und Verkehrssicherungspflichten

WORUM GEHT ES?

Die Beachtung (überbetrieblicher) technischer Normen ist für den Bereich der Produzentenhaftung (nur) ein Indiz für die Beachtung entsprechender Verkehrspflichten. Dies ergibt sich aus den nachfolgenden Erwägungen:

- Die Einhaltung der technischen Normen ist nicht die einzige Möglichkeit, den „allgemein anerkannten Regeln der Technik" zu genügen; sie sind keine gesetzlichen Normen und beschreiben regelmäßig auch nicht den einzig sicheren Weg. Vielmehr können auch abweichende Lösungswege eingeschlagen werden. Der Inhalt der Regelwerke ist nicht identisch mit den anerkannten Regeln der Technik.
- Technische Normen haben aber sachliche Autorität. Jeder, der von ihnen abweicht, steht auch haftungsrechtlich unter Begründungszwang. Er muss ggf. begründen und beweisen, dass alternative Regelungen gleichwertig sind.
- Eine Unterschreitung der Sicherheitsstandards, die in überbetrieblichen technischen Normen (DIN, VDE, DVGW etc.) oder öffentlich-rechtlichen Regelwerken vorgeschrieben sind, indiziert eine Verkehrspflichtverletzung.
- Fehlt für den entsprechenden Bereich eine solche Norm, hat sich der Hersteller über etwaige Gefahren und den anerkannten Stand der Technik selbst zu orientieren.
- Sind Normen vorhanden, so muss der Hersteller – über ihren Wortlaut hinaus – eigenverantwortlich prüfen, ob sie auch die „konkreten" Gefahren erfassen.
- Im Übrigen hat der Hersteller, soweit ihm das möglich und zumutbar ist, auch den Stand von Wissenschaft und Technik zu berücksichtigen. Dieser kann im Einzelfall durchaus über das Sicherheitsniveau eines Regelwerkes hinausgehen. Insbesondere bei älteren Regelwerken ist eine Überprüfung angezeigt, ob sie noch neuen Erkenntnissen entsprechen.
- Keinesfalls genügt es, z. B. DIN-Normen oder VDE-Bestimmungen zu erfüllen, wenn die technische Entwicklung bereits darüber hinausgegangen ist.

- Hersteller und Konstrukteure neuer Produkte müssen sich grundsätzlich darüber informieren, welche Fortschritte und neuen Erkenntnisse vorhanden sind. Das folgt schon daraus, dass von der Rechtsprechung zumindest die Einhaltung des „allgemeinen Standes der Technik" verlangt wird und die Regelwerke diesen Stand zeitweise nicht widerspiegeln; ferner ergibt sich dies daraus, dass für bestimmte Produkte dieser Stand nicht ausreicht.
- Um den Ansprüchen zu genügen, muss der Hersteller eine Organisation schaffen, die eine Berücksichtigung der jeweils relevanten Forschungsergebnisse gewährleistet, insbesondere – gerade bei neuen Produkten – eine intensive Produktbeobachtung betreibt.
- Gibt es unterschiedliche Ansichten in Fachkreisen, so hat er im Allgemeinen die größere Vorsicht zu beachten.
- Ist der Hersteller gehalten, den Stand von Wissenschaft und Technik zu beachten, so braucht er aber nicht jede „abweichende" Ansicht zu beachten.

  Eine Verpflichtung zur Übernahme von Forschungsergebnissen besteht nur, wenn diese objektiv erkennbar und ermittelbar und auch in gewisser Weise abgesichert und gefestigt sind.
- Der Hersteller ist auch nicht verpflichtet, die Sicherheit verbessernde Neuentwicklungen seitens der Konkurrenz sofort zu übernehmen bzw. die eigene Produktion zu stoppen.

3.4 Technische Standards im Konstruktionsbereich

Für die Konstruktion sicherer Produkte ist es erforderlich, Neuentwicklungen einem der Eigenart des Produkts und seiner späteren Verwendungsmöglichkeit entsprechenden Test- und Prüfverfahren zu unterziehen.

Zum Teil wird dies durch Gesetz vorgeschrieben (siehe z. B. Arzneimittelgesetz, Gerätesicherheitsgesetz etc.). Das Verfahren soll dabei (soweit möglich) den Einsatzbedingungen entsprechen, aber auch in der Lage sein, Nebenbedingungen aufzudecken (z. B. Feuergefährlichkeit). Prüfgeräte und Verfahren müssen insoweit dem neuesten Stand von Wissenschaft und Technik entsprechen. Erforderlichenfalls sind wissenschaftliche Institute, externe Fachleute etc. einzuschalten.

Bei Zulieferprodukten (Zusatz- oder Hilfsstoffe, Einbauteile oder Halbfertigprodukte) muss schon bei der Konstruktion genau geprüft werden, ob sie den zu stellenden Anforderungen genügen.

Beispiel: Kraftfahrzeugbereich
Bauartgenehmigungen verhindern grundsätzlich nicht eine Haftung wegen eines Konstruktionsfehlers.
Die Praxis zeigt, dass Konstruktionsmängel hier selten sind. Zwei Fälle sind bekannt:
- Schaltfehler an einem Raupenfahrzeug und
- Fehlerkonstruktion eines Ölschlauches.

Höhere Sicherheitsstandards können aber in diesem Bereich die Auswirkungen von Fahrfehlern mindern, darauf stellt die Rechtsprechung dann auch ab.
Sicherheitsrelevante Neuentwicklungen, die sich bereits in der Praxis bewährt haben, sind zumindest als Sonderausstattung (evtl. mit Preisaufschlag) anzubieten.
Nach einem bestimmten Zeitablauf und/oder kostengünstigen Produktionsmöglichkeiten besteht die Pflicht zur serienmäßigen Ausstattung mit diesen Neuentwicklungen.
Der Hersteller muss insbesondere darauf achten, dass nicht der Optik wegen Konstruktionen ausgewählt werden, die bei Unfällen ein erhöhtes Sicherheitsrisiko darstellen.

Beispiel: Maschinen und technische Anlagen
Zur einwandfreien Konstruktion gehört, dass die Maschinen/Anlagen auch bei unvorsichtiger/unsachgemäßer Benutzung nicht zur Gefahrenquelle werden.
Naheliegende missbräuchliche Verwendungen sind einzubeziehen. § 3 Gerätesicherheitsgesetz entlastet deliktsrechtlich nicht, auch wenn dort die Sicherung der Benutzer oder Dritter bei bestimmungsgemäßem Gebrauch angesprochen ist (nur Mindestanforderungen).
Ein Konstruktionsfehler liegt schon dann vor, wenn die Bedienung derart kompliziert ist, dass mit Handhabungsfehlern zu rechnen ist.
Kostengesichtspunkte müssen, bei Verwirklichung der Basissicherheit, unberücksichtigt bleiben.
Bei Störfällen, die zu Gefahren für Personen oder zu erheblichen Sachschäden führen können, müssen akustische oder optische Signale warnen oder die Maschine muss sich automatisch ausschalten.
Alle Einzelteile (z.B. Schalter) müssen in ihrer Leistung der Gesamtanlage genügen.
Der Hersteller darf sich im sicherheitstechnischen Bereich nicht darauf verlassen, dass alle Aggregate einwandfrei funktionieren. Er muss dafür Sorge tragen, dass beim Ausfall einzelner Teile keine Risiken entstehen, z.B. durch Unterbrechung der Funktionsabläufe.
Der Hersteller/Konstrukteur muss auch unsachgemäße Handhabungen berücksichtigen, mit denen nach der Lebenserfahrung zu rechnen ist. Es ist dabei in erster Linie auf die technische Qualifikation der Maschinenbediener abzustellen.

3.5 Technische Standards im Fabrikationsbereich

Selbstverständlich sind auch bei der Fabrikation der einzelnen Produkte alle Arbeiten so auszuführen, wie es entsprechend dem jeweiligen Stand der technischen Entwicklung zur Gewährleistung der erforderlichen Sicherheit nötig ist.

Der Hersteller muss dafür sorgen, dass der Sicherheitsgrad erreicht wird, den die in dem entsprechenden Bereich herrschende Verkehrsauffassung für erforderlich hält.

Soweit es dem Hersteller zumutbar ist, muss er absolute Fehlerfreiheit anstreben. Die Rechtsprechung neigt zu der Ansicht, dass in heutiger Zeit im Regelfalle ein fehlerfreier Herstellungsprozess organisiert werden kann. In der Literatur wird die Auffassung vertreten, auch der sog. „Ausreißer", der trotz bester Kontrollen einmal vorkommen kann, soll in fortgeschrittenen Industrien die Grenzsituation markieren, also nur eine ganz seltene Ausnahme sein dürfen.

Andererseits verhält es sich natürlich auch so, dass auch in der Herstellungsphase keine absolute Sicherheit verlangt werden kann. Hiervon geht auch die Rechtsprechung des BGH aus. Ihr zufolge hat allerdings der Hersteller zu beweisen, dass es sich bei dem schadhaften Produkt um einen trotz bester Kontrollen immer wieder einmal vorkommenden „Ausreißer" handelt.

WIE GEHE ICH VOR?

Nachfolgend sind die einzelnen Pflichtenbereiche aufgeführt:

- Bei der Auswahl von Rohstoffen, Halbfabrikaten und Zwischenprodukten muss der Hersteller darauf achten, dass diese die für die Konstruktion vorausgesetzte Qualität aufweisen. Bei der Materialauswahl muss darauf geachtet werden, dass die unterstellten Eigenschaften für jedes in der Fertigung eingehende Einzelstück gewährleistet sind.

- Bei Fremdbezug von Rohstoffen und Halbteilen ist eine Wareneingangskontrolle unerlässlich.
- Sofern der Hersteller Eigenteile aus eigener Produktion verwendet, hängt seine Pflicht zur Eignungs- und Qualitätskontrolle davon ab, inwieweit diese bereits im Rahmen der Teileherstellung erfolgt ist. Im Rahmen der betrieblichen Organisation muss für eine klare Zuweisung der Qualitätsverantwortung gesorgt werden.
- Auch bei der Lagerung und dem innerbetrieblichen Transport der Stoffe, Produkte und Prüfmittel muss für die Minimierung von Gefahren gesorgt sein.
- Zur ordnungsgemäßen Stoffeauswahl gehört in jedem Fall die fortlaufende Identitätskontrolle, damit es nicht zu Verwechslungen von Teilen kommen kann.
- Sicherheit der Fabrikationsanlage
  - Grundlegende Bedingung der Fabrikationsqualität ist, dass Produktionsanlagen eingesetzt werden, die ihrerseits der Konstruktion nach – durch Präzision und Betriebssicherheit – dem neuesten Stand von Wissenschaft und Technik entsprechen.
  - Es besteht aber keine allgemeine Pflicht zur Maximierung der Automation.
  - Es steht im betriebswirtschaftlichen Ermessen des Herstellers, ob er eine halbautomatische oder anderweitige Fertigungsweise bevorzugt.
  - Das Ermessen ist jedoch eingeschränkt, wenn die Abwägung von Risiko und Aufwand ergibt, dass eine erforderliche Minimierung des Risikos an menschlichem

Versagen scheitern dürfte. In sicherheitsrelevanten Herstellungsphasen wird sich der Einsatz von CAM bzw. CIM zunehmend zur Rechtspflicht verdichten.

- Man wird daher auch hier zwischen einem Großbetrieb und einem mittelständischen Unternehmen differenzieren müssen. Ein Produktionsverbot wegen „verminderter Qualitätsfähigkeit" dürfte sich nur in Einzelfällen ergeben. Insgesamt wird die Umstellung auf rechnergestützte Fertigungsformen oder gar auf Industrieroboter auch mittelfristig eine Frage der Zumutbarkeit sein.
- Die Leistungsfähigkeit einer fremdbezogenen Anlage ist auf jeden Fall von dem Hersteller im Detail zu kontrollieren, bevor die Serienproduktion anläuft. Das Mindeste, was vom Hersteller verlangt werden kann, ist, dass er bei „ordentlicher Bestellung" bei einem ausgesuchten Lieferanten die gelieferte Anlage durch Probeläufe gründlich auf ihre Qualitätsfähigkeit überprüft.
- Die Wartung und Bedienung der Produktionsanlagen ist auf der Grundlage des neuesten Standes der Technik vorzunehmen.
- Verlangt wird ferner eine ständige Kontrolle des gewählten Fabrikationsverfahrens. Erforderlich sind die ordnungsgemäße Programmierung der Fertigungsanlage und die korrekte Eingabe der Werkstücke, ggf. eine Kontrolle von Lufttemperatur, Feuchtigkeit, Verweildauer in der Anlage etc.
- Qualitätskontrollen.

Prüfintensität

Die gebotene Prüfintensität hängt hier vom Einzelfall ab; in erster Linie von der Gefährlichkeit der denkbaren Fabrikationsfehler.

Gegenstand der Qualitätskontrolle

Gegenstand der Qualitätskontrolle kann nicht nur das fertige Endprodukt sein. Auch die Überprüfung der Halbfabrikate und der Zwischenprodukte genügt meistens nicht. In diesem Stadium der Fertigung sind oft schon Teile mit hohem Gefahrenpotential einer effektiven Kontrolle entzogen. Nur wenn die Abschlussprüfung des Endprodukts ausnahmsweise ebenso effektiv ist wie die Teileprüfung, hat der Hersteller die Wahl.

Vollprüfung oder Stichprobenprüfung

Die „Vollprüfung" jedes Einzelstücks ist erforderlich, wenn gerade von ihm Leben und Gesundheit von Menschen abhängig sind (z.B. bei Sicherheitsteilen von Kraftfahrzeugen). Im Übrigen wird die Beantwortung der Frage Vollprüfung oder Stichprobenprüfung davon abhängen, ob Stichprobenprüfungen ausreichende Grundlagen für eine wirksame statistische Qualitätsprüfung abgeben und ob ein dabei möglicher „Durchschlupf" im Hinblick auf die Größe der Gefahr und die Verbrauchererwartung verantwortet werden kann. Sind nur Eigentumsverletzungen geringen Ausmaßes zu erwarten und ist das Produkt zudem äußerst preisgünstig (z.B. Fehlbelichtungen von Filmen in billigen Kameras), so ist dem Hersteller in keinem Fall eine hundertprozentige Prüfung zuzumuten, im Allgemeinen schon keine genaue mathematisch-statistische Stichprobenprüfung. Es genügen meistens Einzelproben wahllos herausgegriffener Stücke, vor allem dann, wenn der Hersteller sich zur Fehlerbeseitigung oder Ersatzlieferung (von Produkt und beschädigtem Material) verpflichtet. Mehr kann der Verbraucher hier nicht erwarten.

Voraussetzung für die Zulässigkeit von „Stichproben" ist im Allgemeinen, dass die geprüften Stücke unter denselben Bedingungen hergestellt wurden wie die anderen (nicht geprüften). Außerdem sind grundsätzlich nur solche Stichprobensysteme als ausreichend anzuerkennen, die eine optimale Qualitätsregelung gewährleisten (z.B. das AQL-System = annehmbare Qualitätsgrenzlage, vgl. DIN 40080).

Damit die Stichproben repräsentative Aussagen über den Zustand der Gesamtmenge und damit über die Qualitätsfähigkeit eines Prozesses gestatten, bedürfen sie mathematisch-statistischer Fundierung. Vorrangig ist die „repräsentative Auswahl" der Messwerte bzw. Prüfobjekte. Sie erfolgt lieferungsbezogen (im Wareneingang), mengenbezogen (z.B. jedes hundertste Teil), periodenbezogen (z.B. jeden Mittwoch) oder chargenbezogen (aus jeder neuen Charge).

3.6 Technische Standards im Instruktionsbereich

Bei der Instruktion ist darauf zu achten, dass sie auch den Verbraucher erreicht und von ihm verstanden werden kann. Im Einzelnen:

- Gebrauchsanweisungen, Bedienungsanleitungen, Beipackzettel, Warnhinweise, müssen – soweit sie der Vermeidung von Gefahren dienen – übersichtlich und allgemein verständlich sein.
  - Warnhinweise dürfen nicht versteckt werden,
  - Hinweise auf Gefahren müssen nach „Dringlichkeit" gegliedert werden,
  - wichtige Hinweise sind auch besonders hervorzuheben,
  - soweit möglich, sind allgemein verständliche Gefahrensymbole zu verwenden und

- an Waren mit langer Lebensdauer sind – soweit möglich – Warnhinweise auf der Sache selbst anzubringen, an gut sichtbarer Stelle.

▶ Sind bei Produktverwendung erhebliche Körper- oder Gesundheitsschäden beim Menschen zu befürchten, stellt die Rechtsprechung besonders strenge Anforderungen an die Aufklärung. Die Rechtsprechung verlangt für diese Fälle einen Hinweis auf den vollen Umfang des Risikos, und zwar auch dann, wenn nur vereinzelt bei empfindlichen Menschen mit Reaktionen zu rechnen ist. Hier genügen weder Gebrauchsanweisungen noch Verhaltensvorschriften ohne Bezeichnung der konkreten Gefahr.

Beispiel

Zum Beispiel reicht es nicht aus, nur eine bestimmte Füllmenge anzugeben, wenn schon eine verhältnismäßig geringfügige Überfüllung die Sicherheit gefährdet. Es reicht bei Medikamenten z.B. nicht aus, nur Hinweise über die Aufbewahrung und Lagerung zu geben, ohne auf die Gefahren hinzuweisen, die sich bei abweichender Lagerung ergeben. Der Vermerk „feuergefährlich" reicht nur bei Stoffen aus, die lediglich eine besondere Brennbereitschaft haben, nicht aber bei solchen, die leicht entzündbar sind bzw. schnell explodieren. Bei besonderer Gefährlichkeit reicht nicht einmal eine einfache Warnung aus; in solchen Fällen sind in der Gebrauchsanweisung auch die Funktionszusammenhänge klar und verständlich darzulegen, damit die Warnung als berechtigt verstanden und behalten wird.

▶ Auch die Instruktionspflicht besteht grundsätzlich nur im Rahmen der Verbrauchererwartung. Auf allgemein bekannte Gefahren braucht nicht besonders hingewiesen zu werden. In solchen Fällen braucht auch nicht vor unsachgemäßem Gebrauch gewarnt zu werden.

- Es besteht keine Verpflichtung des Warenherstellers, vor Gefahren zu warnen, die auf zweckfremder Produktverwendung beruhen. Anderes gilt dann, wenn bestimmte Missbräuche in der Praxis üblich geworden sind.
- Besondere Hinweise sind hingegen wiederum erforderlich,
  - wenn versehentliche Fehlanwendungen nahe liegen bzw. zu befürchten sind und diese überraschend schwere Folgen haben,
  - wenn nicht nur Fachleute mit dem Produkt in Berührung kommen.
- Rechtsvorschriften, die bestimmte Warn- oder Anwendungshinweise bzw. Kennzeichnungen vorschreiben oder insoweit auf technische Regeln Bezug nehmen, konkretisieren die deliktischen Sorgfaltspflichten des Herstellers. Sie stellen jedoch grundsätzlich kein abschließendes Verhaltensprogramm auf. Der Hersteller hat selbst die Gefahrenmomente zu überprüfen und ggf. die o.g. Grundsätze, soweit sie weiter gehende Warnhinweise begründen, zu beachten.

3.7 Weitere Tatbestandsmerkmale der Produzentenhaftung

- Die deliktische Produzentenhaftung ist Verschuldenshaftung (fahrlässiges bzw. vorsätzliches Handeln ist vorausgesetzt). Konnte der Hersteller den Fehler nicht erkennen oder verhindern, so haftet er nicht. Die Bedeutung der verschuldensabhängigen Haftung wird aber durch die Beweislastregelungen relativiert. Nicht der Verletzte trägt die Beweislast für das Verschulden des Produzenten, sondern der Produzent hat sich bei gegebener Fehlerhaftigkeit hinsichtlich des Verschuldens zu entlasten (BGHZ 51, 91). Das gilt auch für die notwendige, aber unterlassene Instruktion (BGHVersR 90, 99).

- Beweislast (allgemein)

  Die Beweislast bei der Produzentenhaftung ist verschieden gestaffelt. Wie oben gesagt, muss sich der Produzent bei gegebener Fehlerhaftigkeit hinsichtlich des Verschuldens entlasten. Der Verletzte trägt aber die Beweislast für den Fehler und seine Auswirkungen im Schaden. Seine Beweislast wird aber über die Regeln zum „Anscheinsbeweis" abgemildert. Liegt der Schaden typischerweise im Verhinderungsbereich einer fehlerfreien Herstellung bzw. Vermarktung, so spricht der Anschein dafür, dass der Schaden auf den Fehler zurückzuführen ist. Dies gilt auch für den Instruktionsfehler, es besteht eine tatsächliche Vermutung, dass ein geeigneter Hinweis – wenn er gegeben worden wäre – befolgt worden wäre (BGHVersR 92, 99).

3.8 Zwischenbetriebliche Arbeitsteilung bei der Produktherstellung – Übertragung von Verkehrssicherungspflichten

WORUM GEHT ES?

Bei der Herstellung vieler Erzeugnisse, vor allem von Industrieprodukten, werden fremde Zulieferprodukte vom Endhersteller verwandt. Im Rahmen der Produkthaftung muss deshalb geklärt werden, in welchem Maß die am Herstellungsprozess beteiligten Unternehmen für eigene bzw. für fremde Fehler einzustehen haben.

Die Arbeitsteilung kann unterschiedlich organisiert sein:

- Der (End-)Hersteller besorgt sich die benötigten Werkstoffe, Halbfertigwaren oder Einzelteile sowie die kompletten Bauteile auf dem Markt.

- Der (End-)Hersteller beauftragt Zulieferer mit der Anfertigung von Teilen eigens nach den Erfordernissen des Endprodukts (z. B. Spezialreifen für bestimmte Kraftfahrzeuge).

3.8.1 Haftung des (End-)Herstellers (Assemblers)

Der Hersteller eines Endprodukts haftet „für dieses Produkt", ohne Rücksicht darauf, ob es in allen seinen Teilen in diesem Unternehmen gefertigt wurde.

Die Verkehrssicherungspflichten des (End-)Herstellers werden durch den Umstand der Zulieferung nicht berührt bzw. lediglich modifiziert. Der Assembler trägt (neben dem Zulieferer) die Verantwortung für die Einhaltung der Verkehrssicherungspflichten – in modifizierter Form:

- Konstruktion
  Der Assembler hat dafür zu sorgen, dass ein fremd hergestelltes Produktteil tauglich für das Endprodukt ist (der Zulieferer kann entsprechend beauftragt werden; die Direktiven für das Zubehörprodukt werden zweckmäßigerweise in einem Pflichtenheft erfasst).
- Fabrikation
  Der (End-)Hersteller ist zur ordnungsgemäßen Materialauswahl verpflichtet, nicht nur für Rohstoffe, sondern auch für Zulieferprodukte. Er hat auf „generelle" Eignung zu überprüfen und eine laufende Qualitätskontrolle durchzuführen (vollständige Überprüfung oder nur reduzierte Kontrolle, wenn schon auf die Herstellung wirksam Einfluss genommen wird; die Pflicht geht über die in § 377 HGB genannte hinaus).
- Instruktion
  Der Assembler hat auch regelmäßig vor solchen Gefahren zu warnen, die auf das zugelieferte Produkt zurückgehen.

- Produktbeobachtung
  Die Produktbeobachtungspflicht besteht im Rahmen der Beobachtungspflicht des Endprodukts.

Im Ergebnis treffen den (End-)Hersteller auch für das zugelieferte Produkt umfassende Sicherungspflichten. Dies wird damit begründet, dass der Verbraucher darauf vertraut, dass der Endhersteller keine unnötig gefährlichen Produkte in den Verkehr bringt. Inwieweit der (End-)Hersteller im Falle seiner Inanspruchnahme den Zulieferer in Anspruch nehmen kann, wird im Kapitel 7 erläutert.

3.8.2 Übertragung der Sicherungspflichten auf den Zulieferer

Die (End-)Hersteller (Assembler) können die ihnen obliegenden Hersteller-Verkehrssicherungspflichten auf die Zulieferer vertraglich übertragen, mit der Folge, dass sie im Bereich dieser Pflichten das Haftungsrisiko ganz erheblich vermindern.

Ergeben sich bei der Überwachung keine Bedenken gegen den Zulieferer, kann sich der Assembler hinsichtlich Konstruktion, Fabrikation und Instruktion auf ordentlich gelieferte Ware verlassen. Die eigene Kontrollpflicht des Herstellers ist erheblich reduziert.

WIE GEHE ICH VOR?

Die Voraussetzungen wirksamer Übertragung der Sicherungspflichten auf den Zulieferer sind:

- Es muss die Qualifikation/Eignung und Zuverlässigkeit des anderen Unternehmens positiv festgestellt worden sein und weiterhin, d.h. nach Vertragsschluss, ständig überprüft werden.

- Dabei ist eine auftragsbezogene Qualifikation/Eignung erforderlich, d. h. erfordert die Herstellung des Zulieferteils besondere Spezialkenntnisse, so muss der Assembler prüfen, ob der Zulieferer diese Kenntnisse besitzt.
- Bezüglich der Zuverlässigkeit genügt, dass das Zulieferunternehmen allgemein als zuverlässig (ständiger Geschäftsbetrieb) bekannt ist.
- Wie weit die Ermittlungspflicht des Endherstellers/Assemblers geht, hängt davon ab, wie groß die vom Produkt ausgehende Gefahr für den Verkehr ist.

Beispiel
Einholung von Referenzen, Informationsbesuch beim Zulieferer, Qualitätskontrollen beim Zulieferer, stichprobenartige Wareneingangskontrollen, Vorgehen nach dem Beurteilungsverfahren des VDA (dazu unten) etc.

▶ Es muss eine konkrete Bezeichnung der Sicherungspflichten gegenüber dem Zulieferer erfolgen. Hierzu sind genaue Anweisungen über die Art der QS-Maßnahmen, für die durchzuführende Qualitätskontrolle (QS-Vereinbarungen als AGBs im Liefervertrag) erforderlich.

Beispiel
Pauschale Vorformulierungen von Vertragklauseln wie die nachfolgenden Beispiele sind daher ungeeignet:
„Für die Einhaltung der Qualität ist in vollem Umfang der Auftragnehmer verantwortlich."
„Der Lieferant hat eine nach Art und Umfang geeignete, dem neuesten Stand der Technik entsprechende Qualitätskontrolle durchzuführen."

- Der Zulieferer muss bereit sein, diese Verkehrspflichten zu erfüllen und sich dazu bindend zu verpflichten (durch Vertrag).
- Im Einzelfall wird erwartet, dass sich der Endhersteller/Assembler versichert, dass der Zulieferer ausreichenden Deckungsschutz (Versicherungsschutz) besitzt, bevor er die Gewähr für die Einhaltung von Verkehrspflichten übernimmt (gesteigerte Überwachungspflicht).
- Erlangt der Endhersteller/Assembler von Tatsachen Kenntnis, die ihn an der Pflichterfüllung des Zulieferers zweifeln lassen, ist er zur Intervention verpflichtet, seine Sicherungspflichten leben sozusagen wieder auf.
- Empfohlenes Beurteilungsverfahren des Verbandes der Automobilindustrie e.V.

Beispiel

Der VDA hat ein Beurteilungsverfahren zur Lieferantenbeurteilung erarbeitet, welches an dieser Stelle empfohlen sei.

Danach ist vor der Auftragsvergabe der Besuch eines Qualitätsbeauftragten des Herstellers/Assemblers beim Zulieferer erforderlich, der die vorgefundenen betrieblichen Voraussetzungen mit Hilfe eines Fragebogens erfasst, der von beiden Seiten (Hersteller/Assembler und Zulieferer) unterzeichnet wird. Der Fragebogen enthält u.a. die folgenden Angaben:

- Allgemeine Angaben über Firma und Betrieb, Art und Umfang der Produktion
  Leitende Mitarbeiter im technischen und kaufmännischen Zweig,
  Verantwortlichkeit für Produktion, Verkauf, Qualitätssicherung,
  Labor-Werkstoffprüfung,
  Größe des Betriebs: Mitarbeiter, Tochterunternehmen, Zulieferer etc.

- Angaben über den Betrieb
  Gesamteindruck über den Betrieb (Fertigung, Transporteinrichtungen, Lager),
  Zustand der Maschinen (Alter, Pflegezustand, spezielle Prozessüberwachungseinrichtungen).
- Angaben über die Qualitätssicherung
  Organisatorische Einrichtungen,
  personelle Besetzung (Mitarbeiterzahl, Ingenieure, Techniker, Meister, Güteprüfer),
  Existenz von Organisationsplänen,
  Existenz von Dokumentationen über die Prüfergebnisse,
  Art und Umfang der Prüfungen gefertigter Teile auf Lebensdauer etc.,
  statistische Erfassung von Garantieschäden und Ausschuss.
- Zulieferungen, insbesondere Erstbemusterung
- Prüfmittel
  Eignung der Prüfmittel,
  Prüfmethoden,
  Zustand der vorhandenen Prüfeinrichtungen.
- Werkstoffprüfung
  Personelle Besetzung,
  produktbezogene Laboreinrichtungen.

▶ Folge

Die Folge wirksamer Übertragung von Verkehrssicherungspflichten ist, dass der Zulieferer im Rahmen der deliktischen Haftung (§§ 823 ff. BGB) alleine haftet, der Endhersteller ist – soweit er übertragen durfte – befreit. Im Rahmen der Haftung nach dem ProdHaftG kann der (End-)Hersteller nicht mit befreiender Wirkung übertragen; die Übertragung hat aber für den Innenregress Bedeutung.

Dass der (End-)Hersteller trotz (evtl.) wirksamer Übertragung von Verkehrssicherungspflichten auf die Zulieferer

Kontrollpflichten hat (auch noch hinsichtlich der zugelieferten Waren, und zwar regelmäßig innerhalb seines Betriebs), liegt daran, dass die „Organisationspflicht" unübertragbar ist. Zulieferer und zugelieferte Waren zu kontrollieren (wenn auch reduziert) ist auch Inhalt dieser Organisationspflicht.

3.8.3 Haftung des Zulieferers

WORUM GEHT ES?

Der Zulieferer ist (Teil-)Hersteller seines Produkts. Er ist folgerichtig im Hinblick auf sein Produkt Adressat aller Herstellerpflichten; er haftet grundsätzlich neben dem (End-)Hersteller, soweit sein Produkt „betroffen" ist.

Seine Haftungssituation verschlechtert sich noch, wenn ihm die, den (End-)Hersteller treffenden Sicherungspflichten übertragen werden. Er ist dann insbesondere bei Konstruktions- und Fabrikationsfehlern einziger Haftungsadressat bzw. er kann sich gegenüber dem Hersteller nicht darauf berufen, dass auch dieser Sicherungspflichten (umfassende Kontrollen) verletzt hat.

Pflichten

Die Pflichten des Zulieferers können im Hinblick auf die Produktion für ein bestimmtes Endprodukt noch modifiziert (verschärft) sein:

- Hinweise des Assemblers bzw. vertragliche Abreden zu Maßen, Gewicht, Belastbarkeit und sonstigen Qualitäten der Zulieferprodukte begründen auch Sicherungspflichten zugunsten des Assemblers und der Benutzer (Stichwort: Spezifikation).

- Auch die Hinweise des Assemblers bzgl. des spezifischen Verwendungszwecks (Erwartungshaltungen bestimmter Abnehmerkreise) können Einfluss auf die Konstruktions-, Fabrikations- und Instruktionspflicht nehmen.

Für den Zulieferer ist es wichtig zu wissen, ob ihm der (End-)Hersteller die Verkehrssicherungspflichten übertragen hat, oder ob er „nur" zur ordentlichen, auftragsgemäßen Arbeit unter Verwendung von Qualitätskontrollen verpflichtet ist.

Der Unterschied liegt darin, dass im Falle der Übertragung von Verkehrssicherungspflichten insbesondere die Kontrollpflichten des Zulieferers ganz erheblich ansteigen. Er kann sich nun weder im Verhältnis zum Endhersteller noch zu den Benutzern des Endprodukts darauf berufen, er habe mit einer wirksamen Kontrolle durch den (End-)Hersteller gerechnet. Bei vollständiger Übertragung der entsprechenden Verkehrssicherungspflichten (namentlich für Konstruktion und Fabrikation) darf der Zulieferer zudem nur noch mit einer erheblich reduzierten Kontrolle des Assemblers rechnen.

4 Exkurs: Normung

Zu den allgemein anerkannten Regeln der Technik gehören auch und insbesondere die technischen Regelwerke (überbetrieblichen technischen Normen). Es besteht dabei keine Allgemeinverbindlichkeit technischer Normen.

4.1 Arten technischer Normen

Technische Normen können entsprechend der Hauptfunktionen unterteilt werden in:

- Rationalisierungsnormen (vorwiegend Verständigungsnormen, Maßnormen, Verfahrens- und Planungsnormen, Liefernormen),
- Qualitätsnormen (vorwiegend Qualitätsnormen, Gebrauchstauglichkeitsnormen, Stoffnormen, Prüfnormen und Dienstleistungsnormen),
- Sicherheitsnormen (vornehmlich Prüfnormen, Stoffnormen, Qualitätsnormen).

Eine weitere Unterscheidungsmöglichkeit ist die Einteilung in:

- Innerbetriebliche (Werksnormen) technische Normen
  - Sie sind zur Anwendung nur innerhalb eines bestimmten Unternehmens gedacht und
  - bildeten bzw. bilden die Ausgangssituation für die überbetrieblichen Vereinheitlichungsmaßnahmen.
- Überbetriebliche technische Normen
  - Sie werden durch private Verbände geschaffen (siehe unten) und
  - lassen sich weiter in nationalen, regionalen und internationalen Normen unterscheiden.

Es besteht eine enge Wechselbeziehung zwischen inner- und außerbetrieblichen technischen Normen.

Fall

Kann sich ein Hersteller mit dem Argument, er habe die für das entsprechende Gebiet bestehenden technischen Normen beachtet, in jedem Fall einer Haftung entziehen?
Eine Unterschreitung des Sicherheitsstandards, der in überbetrieblichen technischen Normen (DIN, VDE usw.) oder öffentlich-rechtlichen Regelwerken vorgeschrieben ist, indiziert eine Verkehrspflichtverletzung. Andererseits verhält es sich keinesfalls so, dass die Beachtung überbetrieblicher technischer Normen im Hinblick auf die Erfüllung der Anforderungen der Verkehrssicherungspflichten auch immer ausreichend ist. Sie stellen in aller Regel nur Mindestsicherheitsstandards dar, die ggf. „anzuheben" sind. Häufig sind technische Normen veraltet, der Stand der Technik ist darüber hinausgegangen; der Unternehmer muss also in jedem Fall überprüfen, ob die Normen auf der Höhe der Zeit sind. Weiterhin kommt es für die Frage, ob die Beachtung dieser Normen ausreicht oder nicht, stets darauf an, wie gefährlich die Produkte sind. Dort, wo es schnell, z.B. infolge von fehlerhaften Anwendungen, zu erheblichen Körperverletzungen kommen kann oder sogar die Lebensgefahr droht, werden die Anforderungen der technischen Regeln nicht immer genügen können. Der Inhalt der Regelwerke ist auch nicht identisch mit den anerkannten Regeln der Technik. Die Normierung in Regelwerken setzt weder die einheitliche Handhabung einer bestimmten Technik noch deren Anerkennung als richtig voraus, sondern soll beides oftmals erst bewirken.

4.2 Struktur der überbetrieblichen technischen Normung

Die bedeutendsten Vereine, Verbände, Ausschüsse, die Regelwerke aufstellen, sind nachfolgend aufgelistet:

- CEN (Comité Européen de Normalisation),
- CENELEC (Comité Européen de Normalisation Electrotechnique),
- DIN (Deutsches Institut für Normung e.V.),
- DVGW (Deutscher Verein des Gas- und Wasserfaches e.V.),
- ETSI (European Telecommunication Standards Institute),
- GL (German Lloyd),
- IEC (International Electrotechnical Commission),
- ISO (International Organization for Standardization),
- RAL (Ausschuss für Lieferbedingungen und Gütesicherung e.V.),
- VDE (Verband Deutscher Elektrotechniker e.V.),
- VDI (Verein Deutscher Ingenieure e.V.).

Insgesamt gibt es über 200 Normungsorganisationen.

4.3 Funktionen technischer Normen

Technische Normen haben unterschiedliche Funktionen. Zu ihnen zählen vor allem:

- Rationalisierungsfunktion,
- Qualitätssicherung,
- Sicherheitsfunktion,
- Ordnungsfunktion,
- Informationsfunktion,
- Kommunikationsfunktion (zwischen Hersteller und Lieferanten bzw. Kunden) und

- Konstruktions-, Fertigungs- und Instandhaltungserleichterungsfunktion.

Auch fördert Normung die Entwicklung und Humanisierung der Technik sowie das Vertrauen im Umgang mit Technik.

5 Produkthaftung nach dem Produkthaftungsgesetz – Gefährdungshaftung

WORUM GEHT ES?

5.1 Zentraler Begriff

Zentraler Begriff des ProdHaftG (Gesetz über die Haftung für fehlerhafte Produkte – ProdHaftG vom 15. 12. 1989) ist der des „Fehlers“. Bereits das Inverkehrbringen eines fehlerhaften Produkts, verbunden mit einem kausal darauf beruhenden (erstattungsfähigen) Schaden, führt zur Haftung.

- Fehler des Produkts
  Ein Produktfehler im Sinne des ProdHaftG liegt vor, wenn ein Produkt einen Mangel an Sicherheit (nicht einen Mangel an Gebrauchsfähigkeit) aufweist (siehe § 3 ProdHaftG).

§ 3 ProdHaftG Fehler

(1) Ein Produkt hat einen Fehler, wenn es nicht die Sicherheit bietet, die unter Berücksichtigung aller Umstände, insbesondere
(a) seiner Darbietung
(b) des Gebrauchs, mit dem billigerweise gerechnet werden kann,
(c) des Zeitpunkts, in dem es in den Verkehr gebracht wurde,
berechtigterweise erwartet werden kann.
...

- Produktsicherheit
  Produktsicherheit ist ein unbestimmter Rechtsbegriff, der im Wesentlichen durch die im Gesetz genannten Merkmale (a–c) auszulegen ist. Letztlich wird es – wie bei

den Verkehrssicherungspflichten – auf eine sozialadäquate Wertung ankommen, welches Maß an Sicherheit die Allgemeinheit in Bezug auf das jeweilige Produkt erwartet bzw. erwarten kann.

- Gesetzliche Vorgaben
  - Nach § 3 ProdHaftG kommt es auf die Darbietung des Produkts an, d.h. z.B., es ist auch entscheidend, welche Produktbeschreibung und Gebrauchsanweisung der Ware beigefügt ist bzw. welche Produktwerbung betrieben wird (übertriebene Werbung eines Händlers ohne Wissen und Billigung des Herstellers kann diesem nicht angelastet werden). Die Verkehrssicherungspflichten behandeln dieses Problem unter „Instruktions- bzw. Warnpflichten".
  - Zudem kommt es auf den Gebrauch des Produkts an, mit dem „billigerweise" gerechnet werden kann, d.h., auch vorhersehbare oder übliche Fehlgebräuche sind einzukalkulieren.

    Bei der deliktischen Haftung werden diese Bereiche unter Konstruktions- und Instruktionspflicht erfasst.
  - Ferner ist der Zeitpunkt des Inverkehrbringens von Bedeutung.
  - Die Aufzählung ist nicht abschließend, vielmehr lassen sich weitere Kennzeichen der Produktsicherheit nennen (wie z.B. die Beachtung technischer Normen oder die Festlegung des Produktpreises etc.).
- Es lässt sich schon an dieser Stelle sagen, dass der Begriff des Fehlers wesentlich durch die Inhalte der Verkehrssicherungspflichten zu bestimmen ist.

5.2 Bedeutung der Verkehrssicherungspflichten für das Produkthaftungsgesetz (d.h. für die Gefährdungshaftung)

Der zentrale Begriff des ProdHaftG ist der Begriff des Fehlers. Aus den §§ 1, 3 ProdHaftG folgt, dass allein die Schadensverursachung durch ein fehlerhaftes Produkt die Schadensersatzpflicht auslöst.

In der Literatur zu findende (falsche) Deutung

In der bisher zum neuen ProdHaftG erschienenen Literatur wird gelegentlich ein wesentlicher Unterschied zur deliktsrechtlich orientierten Produzentenhaftung konstruiert.

Die Haftung nach den §§ 823ff. BGB sei von einer Verletzung von Verhaltenspflichten abhängig (das sind die sog. Verkehrssicherungspflichten), die Haftung nach dem ProdHaftG sei eine Art Kausalhaftung für Schäden durch fehlerhaft in Verkehr gebrachte Produkte. Die Konsequenz der Unterscheidung muss dann auch sein, dass z.B. Zertifizierungen von Arbeitsverfahren für die Produkthaftung bedeutungslos sind. Wer ein fehlerhaftes Produkt in den Verkehr bringt, und durch den Fehler ein weiterer Schaden entsteht, muss haften, so könnte die einfache Botschaft des Produkthaftungsgesetzes lauten.

Diese Differenzierung ist jedoch nicht richtig.

Interpretation des Fehlerbegriffs über die Verkehrssicherungspflichten

Der haftungsbegründende Tatbestand in § 3 ProdHaftG, das „fehlerhafte“ Produkt, kann ganz überwiegend nur durch eine Definition von Verhaltensgeboten ausgefüllt werden. Dem Produkt steht nicht „auf der Stirn geschrieben", dass es fehlerhaft ist. Es muss zunächst definiert werden, was ein fehlerhaftes Produkt ist, dann erst kommt es zur Haftung wegen des Inverkehrbringens dieses fehlerhaften Produkts.

§ 3 ProdHaftG ist dabei vom Gesetzgeber auch so abgefasst worden, dass sich diese Norm zuvörderst unter Verwendung der im Deliktsrecht maßgeblichen Verkehrssicherungspflichten auslegen lässt: Der Begriff „Fehler" in § 3 ProdHaftG ist im Wesentlichen daran orientiert, was das Publikum an Sicherheit erwarten kann. Das Publikum wird das an Sicherheit erwarten können, was die sog. Verkehrssicherungspflichten von einem Hersteller verlangen. Es steht nicht zu erwarten, dass die Rechtsprechung auf der Grundlage dieses neuen Gesetzes zu unterschiedlichen Anforderungen an die sicherheitsrelevante Qualität der Produkte kommt. Die vorgestellte Rechtsprechung zu den Verkehrssicherungspflichten ist deshalb auch für das ProdHaftG von Bedeutung. Es wird insofern kaum abweichende Rechtsprechung geben.

Bedeutung einer Zertifizierung

Aus den genannten Gründen ist selbstverständlich auch eine auf ein Arbeitsverfahren bezogene Zertifizierung für die Produkthaftung von Bedeutung. Wer sich zertifizieren lässt, ist zu einer besseren Organisation und Kontrolle verpflichtet.

„Ausreißersituation" und Modifizierung der Verkehrssicherungspflichten durch das ProdHaftG

Unterschiede ergeben sich zwischen der (traditionellen) Produzentenhaftung nach den §§ 823 ff. BGB und dem Prod-

HaftG nur bei der sog. Ausreißersituation (Fabrikationsfehler an einem Einzelstück einer Serie, der auch mit vertretbaren Mitteln nicht festgestellt werden konnte). Im Rahmen der Gefährdungshaftung wird nicht danach gefragt, ob der Unternehmer die Sachverhaltsmomente, die zum Ausreißer führten, noch zu vertreten hat oder nicht. Außerhalb dieser – im Rahmen der Produkthaftung relativ seltenen Situation – kann zur Erklärung des Fehlerbegriffs in § 3 ProdHaftG auf den Inhalt der einzelnen Verkehrssicherungspflichten zurückgegriffen werden, vereinfacht ausgedrückt, das Produkt ist dann fehlerhaft, wenn es unter Verletzung von Verkehrssicherungspflichten hergestellt wurde.

Selbstverständlich ist, dass die Definition des Fehlerbegriffs in § 3 ProdHaftG den bisherigen Inhalt der Verkehrssicherungspflichten modifizieren wird und insofern ist es auch richtig, zu sagen, dass die Rechtspflichten der Unternehmen im Rahmen des Produkthaftungsgesetzes anders als die im Rahmen der deliktsrechtlichen Haftung des Bürgerlichen Gesetzbuches sind. Hierbei handelt es sich aber nur um – wahrscheinlich sogar nur geringfügige – Modifikationen der für beide Rechtsgebiete im Grundsatz bedeutsamen bzw. ganz entscheidungserheblichen Verkehrssicherungspflichten.

Zur Verdeutlichung noch einmal der Gesetzestext (§ 3 ProdHaftG):

§ 3 ProdHaftG Fehler

(1) Ein Produkt hat einen Fehler, wenn es nicht die Sicherheit bietet, die unter Berücksichtigung aller Umstände, insbesondere
(a) seiner Darbietung

(b) des Gebrauchs, mit dem billigerweise gerechnet werden kann,
(c) des Zeitpunkts, in dem es in den Verkehr gebracht wurde, berechtigterweise erwartet werden kann.

...

- „Darbietung“ des Produkts: Dazu gehören u.a. Produktbeschreibung, Gebrauchsanweisung, Produktwerbung; die Verkehrssicherungspflichten behandeln dieses Problem unter „Instruktions- bzw. Warnpflichten“.
- „Gebrauch des Produkts“, mit dem billigerweise gerechnet werden kann: Die Frage nach dem bestimmungsgemäßen Gebrauch und die weiter gehende, mit welchem bestimmungswidrigem Gebrauch gerechnet werden muss, ist insbesondere bei den Anforderungen an die „Konstruktions-“ und „Instruktionspflichten“ behandelt.
- „Zeitpunkt“ des Inverkehrbringens: Auch dieser Bereich ist bei der deliktsrechtlichen Haftung behandelt, zuvörderst bei der Frage, was der Unternehmer bei einer Weiterentwicklung des „Standes der Technik“ bzw. des „Standes von Wissenschaft und Technik“ zu beachten hat. Die Fragen sind bei verschiedenen Verkehrssicherungspflichten (z. B. Konstruktionsbereich) behandelt.
- § 3 Abs. 1 ProdHaftG enthält weitere Fehlerkriterien. Das Wort „insbesondere“ in der Norm zeigt dies an. In der Literatur wird insofern darauf hingewiesen, dass z. B. auch die Befolgung von technischen Normen wie z. B. DIN- oder VDE-Normen von Bedeutung sind.

Fall

Wann ist die Haftung nach dem Produkthaftungsgesetz strenger als die nach der deliktsrechtlichen Produzentenhaftung?

Die Haftung nach dem Produkthaftungsgesetz ist bei der Situation des „Ausreißers“ strenger. Hierbei verhält es sich so, dass eine deliktsrechtliche Haftung (§ 823 BGB) schon deshalb ausscheiden müsste, weil die entsprechende Verkehrssicherungspflicht nicht verletzt wäre (wesentlich die Fabrikationspflicht); im Anwendungsbereich des ProdHaftG würde nur danach gefragt werden, ob die Ware fehlerhaft ist oder nicht, bei einem Ausreißer ist sie fehlerhaft. Es sei an dieser Stelle aber noch einmal daran erinnert, dass die Unterschiede zwischen beiden Haftungssystemen nicht sehr weit reichen. In nahezu allen Fällen der Haftung nach dem ProdHaftG wird der Begriff des Fehlers (§ 3 ProdHaftG) wesentlich unter Zugrundelegung der Rechtsprechung zu den Verkehrssicherungspflichten definiert werden; nur in der Situation des Ausreißers ist das eindeutig anders.

Tabelle 1 zeigt einen zusammenfassenden Überblick über die Produktverantwortung nach dem ProdHaftG.

Der Hersteller haftet für folgende Fehlertypen	
im eigenen Herrschaftsbereich für: • Konstruktionsfehler • Fabrikationsfehler • Instruktionsfehler • Fehler bei der Produktbeobachtung • Organisationsfehler	ferner für: • alle Fehler aus fremden Verantwortungsbereichen, insbesondere seiner Zulieferer • Problembereich: Innenregress

Tabelle 1: *Produktverantwortung nach dem ProdHaftG*

5.3 Haftungsvoraussetzungen

Als Produkt wird nach § 2 ProdHaftG „jede bewegliche Sache" verstanden.

§ 2 ProdHaftG Produkt

Produkt im Sinne dieses Gesetzes ist jede bewegliche Sache, auch wenn sie einen Teil einer anderen beweglichen Sache oder einer unbeweglichen Sache bildet, sowie Elektrizität. Ausgenommen sind landwirtschaftliche Erzeugnisse des Bodens, der Tierhaltung, der Imkerei und der Fischerei (landwirtschaftliche Naturprodukte), die nicht einer ersten Verarbeitung unterzogen worden sind; Gleiches gilt für Jagderzeugnisse.

Demach zählen als Produkte im Sinne des Gesetzes beispielsweise Konsumgüter aller Art, technische Anlagen, Maschinen und Geräte, Fahrzeuge, chemische Erzeugnisse, Stoffe und Zubereitungen, Nahrungsmittel, Elektrizität, Gas, Wasser, menschliche Organe, Blutkonserven oder Verpackungen.

Ohne Bedeutung ist:

- die Art und Weise der Herstellung (industriell/handwerklich),
- der Einbau in andere Produkte.

Die Privilegierung der Naturprodukte entfällt nach ihrer ersten Verarbeitung (jede technische oder mechanische Umformung), d. h. der Verarbeiter haftet.

5.4 Haftungsadressaten

Alle haftenden Personen haften gesamtschuldnerisch. Allerdings kann ein Haftungsausgleich im Innenverhältnis erfolgen, der sich nach dem Verteilungsprinzip richtet, inwieweit der Schaden vorwiegend von dem einen oder anderen Teil verursacht worden ist (§ 254 BGB). Nach dem ProdHaftG besteht keine Eigenhaftung der Firmenmitarbeiter. Als haftende Personen kommen der unmittelbare Hersteller, der Zulieferer, der „Quasi-Hersteller", der Importeur oder der Händler in Betracht.

Unmittelbarer Hersteller (§ 4 ProdHaftG)

Der unmittelbare Hersteller ist gewerblich tätig, er haftet auch dann, wenn der Fehler in einem Zulieferteil liegt und er trotz ordnungsgemäßer Wareneingangskontrolle den Fehler nicht gefunden hat.

Auch der „Assembler“ gehört zu diesem Kreis, wie auch der Hersteller nach Lizenz.

Hersteller des Teilprodukts

Der Zulieferer haftet „neben“ (originär) dem Endhersteller auf Ersatz des gesamten Schadens. Voraussetzung ist: Das Teilprodukt war fehlerhaft.

Eine Entlastungsmöglichkeit besteht für ihn nach § 1 Abs. 3 ProdHaftG, wenn der Fehler in der Konstruktion des Endprodukts liegt oder der Endhersteller den Teilehersteller fehlerhaft angeleitet hat.

„Quasi-Hersteller“

„Quasi-Hersteller“ sind Personen/Institutionen, die nicht selbst herstellen, aber ihren Namen, Warenzeichen etc. anbringen (z. B. Kaufhaus Quelle).

Haftungsbefreiung: Im Schadensfall gibt er den Namen des wirklichen Herstellers bekannt.

Importeur

Der Importeur ist Haftungsadressat, wenn er die Ware aus einem Nicht-EU-Drittstaat in den Bereich der EU einführt. Ansonsten haftet er beim Warenhandel innerhalb der EU nur gegenüber den Händlern, mit denen er Handel treibt.

Für die Importeure besteht ein verschärftes Risiko der Importeure, da die Haftung neben die Haftung der Hersteller tritt: Schutz der Verbraucher vor „Billigangeboten".

Händler (Verkäufer, Lieferant)

Die Haftung des Händlers ist nur eine „Nothaftung". Kann der Händler den Vorlieferanten oder den Hersteller (binnen Monatsfrist) nennen, so haftet er nicht. Zweck: kein Vertrieb nicht identifizierbarer Produkte.

Der Händler bleibt in der Haftung, wenn er das fehlerhafte Produkt direkt vom Importeur bezogen hat und dessen Name sich nicht eindeutig feststellen lässt.

5.5 Innenregress

Grundsätzlich gilt:

Die Verpflichtung zum Schadensersatz und der Umfang des Ersatzes sind insbesondere davon abhängig, inwieweit der Schaden vorwiegend von dem einem oder anderen Teil verursacht wurde (§ 5 Satz 2 ProdHaftG). Entscheidend ist, wer (Zulieferer oder Assembler) in welchem Maß für den Schaden verantwortlich ist.

Das kann dazu führen, dass der Teilehersteller dem Hersteller des Endprodukts voll haften muss.

Die Haftung des Herstellers beruht z. B. darauf, dass einzig das Teilprodukt des Zulieferers fehlerhaft war und der Hersteller des Endprodukts den Fehler trotz durchgeführter Kontrollen nicht erkennen konnte (die Kontrollpflicht des [End-]Herstellers ist unterschiedlich, je nachdem, ob er die Sicherungspflichten – z. B. Konstruktion und Fabrikation – ganz auf den Zulieferer übertragen oder diesen nur zu ordentlicher Lieferung verpflichtet hat).

Möglichkeit der Haftungsfreistellung des Zulieferers

- Der Zulieferer ist von Sicherungspflichten freigestellt, wenn nur der Endhersteller die Gefahren erkennen und beherrschen kann. Dies ist gegeben, wenn der Zulieferer nicht genau darüber informiert wurde, wozu sein Produkt verwendet werden soll, oder wenn Gefahren erst durch die vom Hersteller gewählte Konstruktion eintreten (z.B. durch die Art der Vereinigung mit anderen Zulieferteilen bzw. der Hauptsache).
- Der Zulieferer ist von der Konstruktionsverantwortung völlig freigestellt, wenn er seine Produkte in einer allgemein bekannten Qualität auf den Markt bringt (anbietet) und nicht wissen kann, in welcher Weise der betroffene Endhersteller sie verwendet.
- Der Zulieferer ist von der Vornahme besonderer – auf das Endprodukt bezogener – Qualitätskontrollen befreit, wenn nach seinen Angaben, oder generell bei dem geforderten Preis, für den Endhersteller von vornherein klar ist, dass ein bestimmter Anteil der Zuliefererprodukte fehlerhaft sein kann.

Möglichkeit der Haftungsfreistellung des Endherstellers

Auch der Endhersteller kann unter bestimmten Voraussetzungen von der Vornahme von Sicherungspflichten befreit sein bzw. im Falle seiner Inanspruchnahme Ausgleich in vollem Umfange vom Teilehersteller verlangen.

- Der Endhersteller bezieht Zulieferprodukte von einem Spezialunternehmen und er kann keine Kenntnisse von

Einzelheiten über die Produktbeschaffung haben. Wird das Produkt im üblichen Rahmen von ihm weiterverwendet, liegt die Konstruktionsverantwortung allein beim Teilehersteller.

- Hinsichtlich der Fabrikation zugelieferter Teile ist der Endhersteller von eigenen Prüfungen freigestellt bzw. es genügen (im eigenen Unternehmen) Stichproben,
  - wenn Prüfungsmöglichkeiten für solche Produkte noch nicht entwickelt wurden oder ihm nicht zur Verfügung stehen und die Einschaltung von externen Prüfungsinstituten ihm nicht zumutbar sind (sehr selten),
  - wenn eine Prüfung ausscheidet, weil sie zur Zerstörung des Prüfobjekts führen würde,
  - wenn dem Hersteller bekannt ist, dass der Zulieferer ständig und in ausreichendem Maße die Qualitätskontrollen durchführt, weil die die erforderliche Produktqualität gewährleisten und er sich auch davon überzeugt (hat), dass diese Prüfungen tatsächlich erfolgen (nur noch Stichproben im Assemblerunternehmen).

Übertragung von Verkehrssicherungspflichten

- Der Endhersteller kann im Rahmen der deliktsrechtlichen Produzentenhaftung (§§ 823 ff. BGB) die ihm obliegenden Verkehrssicherungspflichten nahezu vollständig – unter bestimmten Voraussetzungen – auf Dritte übertragen, also auch auf den Teilehersteller (z. B. die Konstruktionsverantwortung hinsichtlich des zugelieferten Teils, die Durchführung von Qualitätskontrollen bezüglich der Fabrikation, die Erarbeitung von Instruktionen, Warnungen etc.). Im Falle einer Inanspruchnahme aus dem Deliktsrecht (§§ 823 ff. BGB) führt eine ordnungsgemäß erfolgte

Delegation zur Haftungsfreistellung; bei einer Inanspruchnahme nach dem ProdHaftG zum vollen Ausgleich im Innenverhältnis.

- An die Übertragung der Verkehrssicherungspflichten werden aber strenge Anforderungen gestellt:
  - Qualifikation und Zuverlässigkeit des anderen Unternehmens müssen sicher sein, und zwar im Hinblick auf die auftragsbezogene Qualifikation,
  - die Sicherungspflichten sind „konkret" zu delegieren – nicht „pauschal".

Beispiel: Unzureichende Klausel in Verträgen

„Für die Einhaltung der Qualifikation ist in vollem Umfang der Auftragnehmer verantwortlich."
„Der Lieferant hat eine nach Art und Umfang geeignete, dem neuesten Stand der Technik entsprechende Qualitätskontrolle durchzuführen."
Es ist im Hinblick auf die Sicherungspflicht und die konkreten Produkte spezifiziert zu übertragen; was ist weshalb zu tun.

- Aus der nichtübertragbaren Organisationspflicht folgt für den (End-)Hersteller die Pflicht, beim Zulieferer die Qualitätskontrolle und im eigenen Betrieb die zugelieferten Produkte – zumindest stichprobenhaft – zu überprüfen.

Zur Übertragung der Verkehrssicherungspflichten vgl. auch die Ausführungen zu Qualitätssicherungsvereinbarungen und zur deliktischen Haftung.

5.6 Weitere Haftungseinschränkungen bzw. Entlastungsmöglichkeiten

Haftungseinschränkungen

- Grundsätzlich steht das jeweils nationale Deliktsrecht in Anspruchskonkurrenz zum ProdHaftG (also, die Systeme stehen nebeneinander).
- Es ist nicht möglich, Anspruch auf Schmerzensgeld auf Grundlage des ProdHaftG zu stellen.
- Bei Sachschäden besteht Selbstbehalt für Bagatellfälle (500 €)
- Bei Sachschäden sind Ansprüche des gewerblichen Verwenders ausgeschlossen.
- Wahrscheinlich (aber dies ist noch ungewiss) wird der Schadensersatz strikt auf den Mangelfolgeschaden begrenzt sein (also kein Ersatz von „Weiterfressungsschäden").
- Es besteht keine Haftung für unbearbeitete Produkte aus Landwirtschaft, Fischerei und Jagd.
- Die Haftungsbegrenzung bei Personenschäden aus demselben Fehler ist auf 85 Mio. € (nur für Deutschland) beschränkt.
- Keine Haftung für Fehler, die beim Inverkehrbringen des Produkts nach dem damaligen Stand von Wissenschaft und Technik nicht erkannt werden konnten.
- Vom ProdHaftG werden nur die Produkte erfasst, die nach dem Zeitpunkt des (nationalen) Inkrafttretens auf den Markt gebracht worden sind.

Entlastungsmöglichkeiten

Entlastend wirkt sich aus,

- wenn der Stand von Wissenschaft und Technik beachtet wurde, wo nur die Einhaltung des Standes der Technik für erforderlich erachtet wird,
- wenn der Zulieferer nach Anleitung des Herstellers arbeitet (beweispflichtig).
  - Durch die Konstruktion des Endprodukts kommt es zu den „Schwierigkeiten" beim Teilprodukt oder Grundstoff.
  - Anleitungsfehler.
- Bei Mitverschulden des Geschädigten muss dieser für einen Teil seines Schadens anteilig aufkommen (allerdings entlastet Drittverursachung den Hersteller nicht).

5.7 Beweislast

Wer muss was beweisen?

- Fehler, Schaden und Kausalität zwischen Fehler und Schaden muss der Geschädigte nachweisen (haftungsbegründende Tatsachen).
- Entlastungstatbestände sind von Seiten des Herstellers anzuführen.
- Es gibt keine Umkehr der Beweislast hinsichtlich des Kausalzusammenhangs.

5.8 Verjährung

Die Verjährungsfrist beträgt drei Jahre.

- Der Anspruchsteller muss den Schaden kennen oder zumindest hätte er ihn kennen müssen.

- Der Fehler muss dem Anspruchsteller bekannt sein (bzw. hätte ihm bekannt sein können).
- Der Anspruchsteller muss seine Ersatzpflicht kennen (bzw. hätte sie kennen müssen).
- Ausschlussfrist = zehn Jahre (nach Inverkehrbringen).

5.9 Kein Haftungsausschluss

Haftung lässt sich nicht ausschließen.

- Hersteller, Zulieferer, Importeur und Händler können weder in Einzelverträgen noch in allgemeinen Geschäftsbedingungen einen Haftungsausschluss mit dem Verbraucher oder Benutzer vereinbaren (auch nicht der Höhe nach).
- Freizeichnungsklauseln auf Verpackungen sind bedeutungslos.
  - Trotzdem bleiben Warnhinweise (Verkehrspflicht) wichtig.
  - Das Verbot gilt nur im Verhältnis zum Benutzer oder Verbraucher (Hersteller, Zulieferer, Importeure können weiterhin vertraglich die Haftung begrenzen oder ausschließen)

Fall
Welche Bedeutung hat im Hinblick auf das Produkthaftungsgesetz der Umstand, dass ein Hersteller auf den Zulieferer – ordnungsgemäß – die Konstruktionspflichten überträgt?
Im Verhältnis zum Geschädigten ist es ohne Einfluss, ob die entsprechende Verkehrssicherungspflicht (hier Konstruktionspflicht) auf einen Zulieferer übertragen wurde oder nicht. Nach dem ProdHaftG haftet der Hersteller (Assembler) einer Ware selbst dann, wenn er das entsprechende Zubehörteil von einem anderen in eigener Verantwortung hat

konstruieren lassen, und zwar haftet er neben diesem Zulieferer. § 14 ProdHaftG steht auch für diesen Fall einem Ausschluss der Haftung des Herstellers entgegen.
Die Übertragung der Verkehrssicherungspflicht auf den Zulieferer hat aber im Innenverhältnis, also im Verhältnis zwischen Hersteller (Assembler) und Zulieferer Bedeutung. Wenn der Zulieferer nicht nur die Konstruktion übernimmt, sondern – darüber hinaus – auch noch die Verpflichtungen des Herstellers aus der entsprechenden Verkehrssicherungspflicht übernimmt, so ist er dem Hersteller im Falle einer Pflichtverletzung im Innenverhältnis in vollem Umfange ausgleichspflichtig.

6 Vertragliche Ansprüche auf Ersatz des Mangelfolgeschadens

WORUM GEHT ES?

Auch das Vertragsrecht gewährt Ansprüche auf Ersatz des sog. Mangelfolgeschadens. Grundsätzlich liegt in der mangelbehafteten Hauptleistung eine Pflichtverletzung im Sinne des § 280 Abs. 1 BGB begründet, die dem Geschädigten, sofern die Pflichtverletzung schuldhaft erfolgte (§ 276 BGB), einen Anspruch auf Schadensersatz gewährt, und zwar auch für die Schäden, die an anderen Rechtsgütern als an den gekauften bzw. hergestellten Waren eintreten (siehe Bilder 2 und 3).

Hat z. B. ein Verkäufer einem Kunden eine betriebsbereite Kettensäge versprochen und versäumt, die Kette ordentlich zu installieren, so dass sich der Kunde bei Inbetriebnahme verletzt, bestehen neben deliktsrechtlichen Ansprüchen auch solche aus dem Vertrag. Der Anspruch auf Schadensersatz besteht nicht nur, wenn der Verkäufer bzw. Hersteller Hauptleistungspflichten verletzt, sondern auch, wenn er gegenüber seinem Vertragspartner Neben- oder Schutzpflichten schuldhaft (§ 276 BGB) verletzt hat (z. B. eine Ware wird nicht ordnungsgemäß gesichert – auch dann kommt ein Ersatzanspruch aus § 280 Abs. 1 BGB in Betracht.

Die genannten Schadensersatzansprüche stehen grundsätzlich in Anspruchskonkurrenz zu den Ansprüchen aus Produkt- bzw. Produzentenhaftung, d. h., der Geschädigte kann seine Schadensersatzforderung auf alle verfügbaren Anspruchsgrundlagen, d. h. sowohl auf die deliktsrechtlichen §§ 823 ff. BGB, 1 ff. ProdHaftG als auch auf die vertragsrechtlichen §§ 280 f. in Verbindung mit Kauf- oder Werkvertrag, stützen.

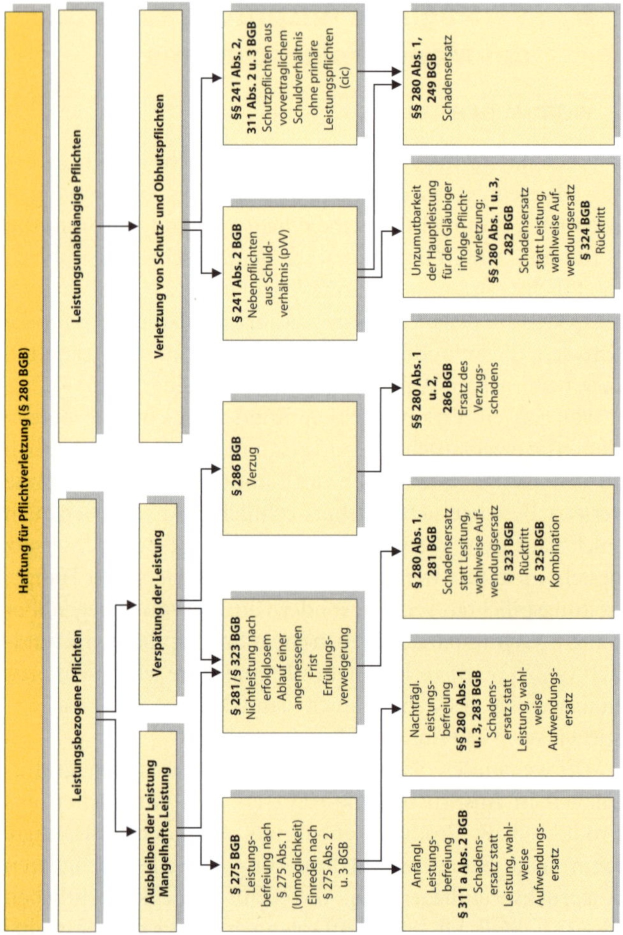

Bild 2: *System Haftung für Pflichtverletzung*

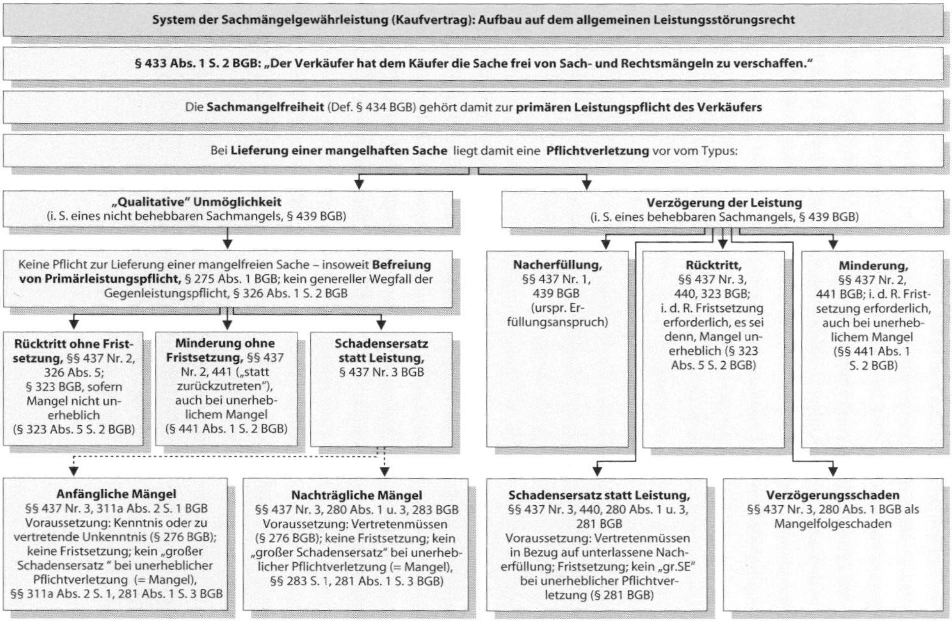

Bild 3: *Rechte des Käufers bei mangelhafter Beschaffenheit*

7 Qualitätssicherungsvereinbarungen zwischen Abnehmer und Hersteller

7.1 Regelungsinhalte und rechtliche Einordnung der QS-Vereinbarungen

WORUM GEHT ES?

QS-Vereinbarungen sind Verträge, die der Hersteller mit seinen Zulieferunternehmen abschließt. Sie bilden die rechtliche Grundlage, auf der der arbeitsteilige Produktionsprozess vollzogen wird. Diese Rahmenverträge bestehen unabhängig von den einzelnen kauf- oder werklieferungsvertraglichen Bestellaufträgen (bzw. Lieferabrufen bei Just-in-time-Lieferbeziehungen).

QS-Vereinbarungen werden regelmäßig auf zwei Arten in Geltung gesetzt: Die meisten Vereinbarungen sind äußerlich selbständige Klauselwerke, die mit Einverständnis des Partners in die Transaktionsbeziehung eingeführt werden. Die Alternative besteht darin, dass die QS-Vereinbarungen in die Bestell- und Einkaufsbedingungen der einzelnen Firmen als Unterabschnitte eingearbeitet werden (Quittnat, BB 1989, S. 571 [571 f.]; Martinek, Zulieferverträge und Qualitätssicherung, 1991, S. 133).

In den ganz überwiegenden Fällen handelt es sich bei den QS-Vereinbarungen um allgemeine Geschäftsbedingungen im Sinne des § 1 AGBG, denn der Hersteller beabsichtigt, die von ihm vorformulierten Vertragstexte, die nicht zwischen den Vertragsparteien ausgehandelt werden, auf eine Vielzahl seiner Zulieferer anzuwenden. (Ein Aushandeln würde erst dann vorliegen, wenn der Endhersteller die vorformulierten QS-Vereinbarungen dem Zulieferer zur Disposition stellt. „Aushandeln“ bedeutet dabei mehr als Verhandeln. Anstatt einer bloßen Besprechung der Vertragsklauseln müsste eine gründliche Erörterung vorliegen. Ein Indiz hierfür wären tatsächliche Abänderungen des vorformulierten Vertragstextes.) In QS-Vereinbarungen legen die Parteien in erster Linie technisch-organisatorische Maßnahmen bzw. Verhaltensregeln fest. Es werden die für die Erreichung der definierten Qualitätsstandards erforderlichen Arbeitsschritte beschrieben und als Teil der Leistungsverpflichtung des Teileherstellers ausgewiesen. Daneben finden sich Regelungen über die Verteilung der Risiken auf die einzelnen beteiligten Unternehmen für den Fall der Gewährleistung und der Produkthaftung.

Im Wesentlichen lassen sich hieraus vier Funktionen der QS-Vereinbarungen herausstellen:

- Zum einen geht es darum, mit Hilfe von QS-Vereinbarungen die Voraussetzungen für sichere Fertigungsprozesse beim Zulieferer zu schaffen.
- Neben dieser Präventionsfunktion kommt der QS-Vereinbarung eine Rationalisierungsfunktion zu, da sie eine Kosten-Nutzen-optimale Verteilung und Abstimmung der einzelnen Qualitätssicherungsmaßnahmen im gesamten Produktionsprozess gewährleisten soll, die Mehrfachprüfungen überflüssig macht.
- Weiterhin haben QS-Vereinbarungen eine Perpetuierungsfunktion, da sie dazu beitragen, die generelle Qualitätsfähigkeit des Zulieferers zu fördern, damit eine jederzeit kurzfristig aktivierbare Bezugsquelle aufgebaut und gleichzeitig eine dauerhafte Versorgungsbeziehung geschaffen wird.
- Schließlich werden durch QS-Vereinbarungen Verantwortungsbereiche und Haftungsrisiken von Zulieferer und

Endhersteller festgelegt und begrenzt. QS-Vereinbarungen haben demnach auch eine Haftungsverteilungsfunktion.

QS-Vereinbarungen lassen sich hinsichtlich ihrer Inhalte in produktbezogene, organisatorische und nicht zuletzt rechtliche Aspekte unterteilen.

7.2 Qualitätssicherungsvereinbarungen und Wareneingangskontrolle

7.2.1 Untersuchungs- und Rügeobliegenheit gem. §§ 377 f. HGB

Qualitätssicherungsvereinbarungen enthalten regelmäßig Just-in-time-Vereinbarungen. Just-in-time-Vereinbarungen befassen sich u. a. mit dem Problem, dass der Abnehmer bei Übergabe der Ware an ihn zur unverzüglichen Untersuchung der Ware nach Mängeln und im Falle der Mängelfeststellung diese rügen muss, wenn er sich seine Gewährleistungsansprüche erhalten will. Die Untersuchungs- und Rügepflicht nach §§ 377 f. HGB ist keine Rechtspflicht des Abnehmers, sie ist Obliegenheit. Der Unterschied liegt darin, dass der Abnehmer nicht zur Untersuchung und Rüge verpflichtet ist, im Falle des Unterlassens aber eigene Interessen verletzt, er verliert Gewährleistungsansprüche.

Die sog. verdeckten Mängel sind Fehler, die bei einer ordnungsgemäßen Untersuchung nicht in Erscheinung getreten sind oder, was dem gleichbedeutend ist, für den Fall, dass solch eine Untersuchung gar nicht stattgefunden hat, bei einer solchen Untersuchung nicht in Erscheinung getreten wären. Ein Mangel ist danach auch dann verdeckt, wenn gar keine Stichproben entnommen wurden, aber bei der Entnahme von Stichproben mit an Sicherheit grenzender Wahrscheinlichkeit der Mangel nicht entdeckt worden wäre (dazu ausführlich Grunewald, *NJW* 1995, 1777 [1780]).

Dem Abnehmer einer Ware wird zugemutet, die Ware einer Eingangskontrolle zu unterziehen und für den Fall, dass Mängel festgestellt werden, unverzüglich zu rügen.

7.2.2 Ausschluss der Untersuchungs- und Rügeobliegenheit

Der Verzicht auf die Wareneingangskontrolle oder auch nur die Reduzierung der Kontrollmaßnahmen erhöht das Risiko beim Lieferanten; das ist regelmäßig auch dann noch der Fall, wenn es vorgeschaltete substitutive Maßnahmen gibt, namentlich wenn beim Lieferanten eine Ausgangskontrolle geführt wird. Das ist schon deshalb so, weil jede Kontrolle einmal versagen kann; wer dann im Falle des Versagens eines Kontrollsystems haften muss, lebt im Risiko. Die Wertung des Gesetzgebers geht dahin, dem Abnehmer das Risiko unzureichender oder sonst wie fehlgeschlagener Kontrollen aufzubürden. Der BGH hat in seiner Entscheidung vom 19.6.1991 den formularmäßigen Ausschluss der Rügeobliegenheit für unwirksam erklärt (BGH, *NJW* 1991, S.2633 [2634]).

Die Entscheidung steht jedoch nicht im Zusammenhang mit QS-Vereinbarungen, welche dem Lieferanten ja nicht nur Risiken aufbürden, sondern ihm wegen der zahlreichen technischen und organisatorischen Vorgaben auch Risiken nehmen können.

Hinweise auf betriebswirtschaftliche und auch technische Veränderungen reichen als Argumente für die Möglichkeit der Abdingbarkeit von §§ 377 f. HGB nicht aus.

Auch das Argument, die der Rüge vorausgehende Untersuchung könne durch vereinbarte Qualitätssicherungsmaßnahmen, z. B. durch Maßnahmen, die eine Warenausgangskontrolle ermöglichen, geradezu überflüssig machen, steht noch nicht außerhalb der Wertung des Gesetzgebers.

Wenn dem Abnehmer die Fehlerwahrscheinlichkeit so gering erscheint, dass selbst die Überprüfung der Ware auf offen zutage liegende Mängel unrentabel scheint, so mag er die Überprüfung unterlassen. Warum dann im Falle eines sich trotzdem einschleichenden Fehlers kein Rechtsverlust für den Abnehmer eintreten soll, ist damit nicht erklärt. Es ist eher schlüssig, die Ansicht zu vertreten, dass bei einem Versagen eines vom Abnehmer initiierten Kontrollsystems, welches diesen von der Wareneingangskontrolle befreien soll, auch der Abnehmer Rechtsverluste hinzunehmen hat. Die Qualitätssicherungsmaßnahmen können das Risiko mindern, dort, wo es noch besteht, soll es doch bei dem bleiben, dem es nach der Wertung des Gesetzgebers obliegt.

Das Gesetz verlangt nicht die Untersuchung der Ware, weder dort, wo sie mangels QS-Vereinbarung angezeigt ist, noch dort, wo sie wegen der Qualität eines solchen Systems vielleicht schon nahezu überflüssig erscheint, es bestimmt, dass der Abnehmer – wie funktional auch immer seine präventiven Maßnahmen waren – zur Vermeidung von Rechtsverlusten erkennbare Fehler zu rügen hat. Alle Maßnahmen des Endherstellers, die darauf abzielen, eine Warenausgangskontrolle überflüssig zu machen, können nach der Wertung der §§ 377 f. HGB nichts daran ändern, dass er Rechtsverluste hinzunehmen hat, wenn sie versagen (so auch Grunewald, *NJW* 1995, S. 1777 [1782 ff.]).

7.2.3 Wareneingangskontrolle und veränderte Gewährleistungssituation

Eine andere Betrachtungsweise wird von der Frage ausgehen, was passiert, wenn im Falle einer vereinbarten Warenausgangskontrolle beim Zulieferer Organisationsfehler entstehen und das Kontrollsystem deshalb versagt. Haftungsrechtlich könnte dieses Versäumnis als positive Vertragsverletzung (pVV) eingeordnet werden und die Haftung wäre vom Verschuldensnachweis abhängig (vgl. auch Teichler, BB 1991, S. 428 [430]). Damit wäre der Zulieferer gegenüber dem Abnehmer privilegiert, der schon bei Obliegenheitsverletzung seine Gewährleistungsansprüche verliert. Der Vergleich macht deutlich, dass selbst eine für den Zulieferer geschaffene Organisationsverpflichtung nicht die dem Assembler obliegende „Rügepflicht“ ersetzen kann; die Haftung des Endherstellers bzw. Assemblers ist rigider. Anders gewendet, der Endhersteller kann innerhalb des Rahmens des gesetzlichen Haftungssystems dem Zulieferer nicht die Risiken aufbürden, die ihn im Rahmen der §§ 377 f. HGB treffen.

7.3 Fixgeschäftsklauseln und Verzugsschadensersatzklauseln

Wenn der Zulieferer den vom Hersteller bestimmten Lieferungszeitpunkt nicht einhält, drohen Produktionsverzögerungen, die evtl. zum völligen Stillstand des gesamten Fertigungsprozesses führen können. Der Hersteller muss deshalb auf die unbedingte Einhaltung des beim jeweiligen Teileabruf festgesetzten Lieferzeitpunkts für die einzelnen Sendungen bestehen, d. h., er muss darauf bestehen, dass die bei den einzelnen Abrufen vorgeschriebenen Liefertermine „fix" gelten.

Solche Regelungen sind dem positiven Recht bekannt, sie sind in den §§ 361 BGB, 376 HGB im Grundsatz geregelt.

Bei Just-in-time-Lieferungen ist allerdings zwischen absoluten und relativen Fixgeschäften zu unterscheiden. Von einem absoluten Fixgeschäft ist die Rede, wenn die Leistung ihrem Inhalt nach nur zu oder bis zu einem fest bestimmten Zeitpunkt erbracht werden kann und sich ein späterer Erfüllungsversuch inhaltlich als etwas anderes als die geschuldete Leistung darstellt. Das absolute Fixgeschäft wird über die §§ 275, 323, 325 BGB geregelt, gehört demnach zur Fallgruppe „Unmöglichkeit" des Leistungsstörungsrechts. Eine Auslegung der Fixgeschäftsklauseln in Just-in-time-Verträgen muss wohl für den Regelfall ergeben, dass die Parteien kein absolutes Fixgeschäft mit der Anwendung des Unmöglichkeitsrechts wollten, sondern nur ein relatives Fixgeschäft mit den daraus resultierenden verzugsrechtlichen Konsequenzen (vgl. zu dieser Unterteilung auch Merz, S. 146 ff.). Der Hersteller, der keine eigene Lagerhaltung betreibt, ist zur Weiterführung seiner Produktion regelmäßig auch auf die verspätete Lieferung angewiesen.

Bei einem Just-in-time-Vertrag wird man ihm dieses Interesse grundsätzlich zubilligen müssen, denn das wirtschaftliche Grundkonzept lebt ja vom Fixcharakter der Liefertermine. Zulieferer und Hersteller müssen in der Regel hohe Investitionen erbringen, um eine exakte mengen- und zeitgerechte Belieferung zu ermöglichen. Wird ein solcher Vertrag individuell ausgehandelt, so ist er angesichts seiner wirtschaftlichen Zielrichtung und der praktischen Gegebenheiten als Fixgeschäft auszulegen, mag auch der ausdrückliche Zusatz „fix“ fehlen. Wird dann die exakte Lieferverpflichtung des Zulieferers in den Hersteller-AGB festgelegt, so erhält der Zulieferer genau den Vertragsinhalt, den er im Rahmen von Vertragsverhandlungen erwarten müsste.

7.4 Veränderung der Gewährleistungssituation

Wegen der Vielzahl der technischen Spezifikationen, der Pflicht, ein bestimmtes oder bestimmte Qualitätsmanagementsysteme/Qualitätssicherungssysteme zu unterhalten, wird der für die Gewährleistung maßgebliche Fehlerbegriff ganz wesentlich unter Einbeziehung dieser Vorgaben zu ermitteln sein (vgl. Merz, Produkthaftungshandbuch, § 44, Rz. 24 ff.).

In erster Linie wird es darauf ankommen, ob eine bei dem Produkt festgestellte Abweichung der Istbeschaffenheit von der Sollbeschaffenheit in Zusammenhang mit dem Qualitätssicherungssystem steht. Es muss festgestellt werden, ob das abverlangte System den Fehler hervorbrachte oder ob der Fehler sich einstellte, weil den Anforderungen des Systems nicht genügt wurde, oder aber, ob zwischen Fehler und Qualitätssicherungssystem keine Kausalität besteht.

7.4.1 Abschied vom klassischen Gewährleistungssystem?

Die Festlegung bestimmter, vom Zulieferer zu erbringender Qualitätssicherungsmaßnahmen bedingt eine teilweise Ablösung der klassischen Gewährleistung, weil der Abnehmer durch sein Verlangen, bestimmte Qualitätssicherungsmaßnahmen durchzuführen, auch zu erkennen gibt, dass er nunmehr das Auftreten fehlerhafter Teile selbst nicht mehr für möglich hält. Der Zulieferer müsste im Rahmen der Reichweite der Sicherungsvereinbarung nicht mehr für die Qualität des Produkts einstehen, sondern allein für die Einhaltung der Vorgaben des Sicherungssystems. Er bräuchte für einen Mangel der Ware nicht zu haften, soweit ihm der Nachweis der Installierung und Anwendung eines den vertraglichen Anforderungen entsprechenden Qualitätssicherungssystems gelingt.

In der Literatur ist dieses Problem von Merz behandelt worden (Merz, S. 229f.). Nach Merz handelt es sich hier um zwei unterschiedliche und eigenständige wirtschaftliche Leistungen: Herstellung des Gutes einerseits und industrielle Dienstleistung „Qualitätssicherung" andererseits, die, wenn auch organisatorisch eng verzahnt, inhaltlich streng zu unterscheiden sind. Wesentlich ist dann die Frage nach der Unterscheidbarkeit. Je mehr Spezifikationen für die Produktion und die Beschaffenheit des Gutes durch die Qualitätssicherungsvereinbarung vorgegeben bzw. verbindlich gemacht werden, desto weniger lässt sich haftungsrechtlich zwischen Herstellungsprozess und Herstellungserfolg unterscheiden. Die zur Abklärung haftungsrechtlicher Fragen vorgeschlagene Aufteilung in zwei selbständige Leistungen müsste im Ergebnis zu dem Kuriosum führen, dass Gewährleistungsansprüche wegen fehlerhafter Produkte durch schuldrechtliche Ansprüche des Zulieferers gegen den Hersteller wegen der Verpflichtung zur Durchführung fehlerhafter Qualitätssicherungssysteme kompensiert würden.

Fertigungsprozess und Fertigungsergebnis stellen haftungsrechtlich eine Einheit dar. Für die Frage nach der Fehlerhaftigkeit eines Produkts muss dann auch das Qualitätssicherungssystem selbst Bedeutung haben. Das Qualitätssicherungssystem in seinen Auswirkungen auf die Produktbeschaffenheit hat dann auch Bedeutung für die Definition des Fehlers; im Prinzip hat zu gelten: Das, was das Sicherungssystem bedingt, hat der Zulieferer nicht zu vertreten.

Einzelne Klauselbeispiele

Qualitätssicherungsvereinbarungen enthalten häufig folgende Formulierungen: „Eigene Qualitätsprüfungen des Bestellers sowie Freigabe und Zustimmung, nach bestimmter Qualitätssicherungsvorschrift zu verfahren, entlasten den Auftragnehmer nicht von seiner Gewährleistungspflicht und Verantwortung für die Fehlerfreiheit seiner Leistungen"; häufig findet sich auch pauschal, ohne nähere Substantiierung, die Bestimmung, der Zulieferer trägt „volle Verantwortung für die Qualität seiner Erzeugnisse" (Beispiele bei Popp, S. 162ff.). Derartige Klauseln sind perplex, sie sind in sich widersprüchlich. Soweit es aufgrund der Formulierung im Einzelfall noch möglich ist, sind sie dahin auszulegen, dass der Zulieferer gewährleistungsverpflichtet bleibt bzw. die „Verantwortung für die Qualität seiner Erzeugnisse" allein trägt, soweit es um die ordentliche Installierung, Überwachung des Qualitätssicherungssystems und darum geht, Planungen bzw. Verrichtungen außerhalb der Wirkweise des Qualitätssicherungssystems durchzuführen.

7.4.2 Probleme der anhand eines Musters getroffenen Qualitätssicherungsvereinbarung

Aus schuldrechtsdogmatischer Sicht bereitet es zumindest im Grundlegenden wenig Schwierigkeiten, eine Beziehung zwischen Qualitätssicherungsvereinbarung und der Gewährleistungssituation herzustellen. Das liegt daran, dass die Parteivereinbarungen, die die Art und Weise der Produktherstellung spezifizieren, nicht isoliert vom Ergebnis der Produktion beurteilt werden können.

Komplizierter werden die Dinge, wenn der Vertrag zwischen Lieferanten und Hersteller auf der Grundlage einer „Bemusterung" der zu fertigenden Erzeugnisse abgeschlossen wird.

Insbesondere Großhersteller schließen ihre Verträge mit Zulieferern auf der Grundlage eines oder mehrerer sog. Erstmuster. Diese zeichnen sich dadurch aus, dass sie im Idealfall mit den für die Serienfertigung vorgesehenen Einrichtungen und auch Verfahren unter den zugehörigen Randbedingungen gefertigt sind (dazu Merz, S. 99ff.). Klärungsbedürftig ist hier insbesondere die Reichweite der Festlegung der Leistungsmerkmale mittels einer Bezugnahme auf solch ein Erstmuster. Es stellt sich die Frage, ob das Erstmuster ausschließlich und abschließend zur Ermittlung des Inhalts der vom Lieferanten geschuldeten Leistung herangezogen werden kann oder ob noch zusätzlich weitere Erkenntnisquellen maßgeblich sein können. Die erste sich stellende Frage ist dann die nach dem tatsächlichen Verlauf, d.h., worin liegen die Gründe einer Abweichung später gelieferter Produkte vom Erstmuster.

- Ein Grund wird darin liegen, dass das Erstmuster vielfach nur „unvollkommen" unter Serienproduktionsbedingungen hergestellt wurde. Es kommt in der Praxis häufig vor, dass der Lieferant vor Abschluss des Vertrages nicht über die erforderlichen Spezialwerkzeuge für die Serienproduktion verfügt und das Erstmuster eine Improvisation späterer Fertigungsprozesse darstellt.
- Es kann sich herausstellen, dass die dem Lieferanten zugebilligten Toleranzen selbst auf der Grundlage des zum Vertragsinhalt gewordenen Qualitätssicherungssystems bei Serienproduktion nicht einzuhalten sind.

- Schließlich kann es so sein, dass die Spezifikationsvorgaben bzw. Begleitabreden zu den realisierten Mustermerkmalen Widersprüchlichkeiten aufweisen.

Als eine Lösungsmöglichkeit böte sich die komplette Substitution der vorausgegangenen Spezifikationen und Begleitabreden durch die tatsächlichen Eigenschaften des freigegebenen Musters an. Das erscheint für die Situation, dass das Muster und die durch die Qualitätssicherungsvereinbarung vorgeschriebene Verfahrensweise nicht in Einklang zu bringen sind, nicht interessengerecht. Ohne deutlichen Anhaltspunkt gibt es keinen Grund für die Annahme, dass mit der Freigabeerteilung die Spezifikationsvorgaben bzw. Begleitabreden gegenstandslos sein sollen. Der denkbare Konflikt zwischen einerseits dem durch das Erstmuster klar definierten Leistungsgegenstand und andererseits den vereinbarten Vorgaben für den Produktionsablauf, die Abweichungen von dem Erstmuster bedingen, wird sich schuldrechtlich nur über einen Katalog von Nebenpflichten erledigen lassen. Im Grundsatz wird das freigegebene, den Vertragsabschluss begleitende Muster die geschuldete Leistung näher bestimmen; dies aber unter der Einschränkung aus § 242 BGB, dass das Risiko, Muster und nach Vorgaben produzierte Waren sind nicht identisch, von dem zu tragen ist, der sich widersprüchlich verhalten hat. Das wird regelmäßig der Abnehmer und Verwender der entsprechenden AGB sein.

7.5 Verteilung des Produkthaftungsrisikos

7.5.1 Außenverhältnis

Die Verlagerung von Risiken aus der Produkthaftung vom Hersteller auf den Zulieferer ist in zweierlei Art und Weise denkbar. Der Hersteller kann durch eine entsprechende Vereinbarung mit dem Zulieferer versuchen, diesem bereits im Außenverhältnis, regelmäßig im Verhältnis zum Endabnehmer, das Haftungsrisiko aufzubürden (durch Übertragung von Verkehrssicherungspflichten, dazu Merz, Produkthaftungshandbuch, § 44, Rz. 53 ff.); weiterhin wird er bemüht sein, durch eine umfassende Regressvereinbarung den Zulieferer im Innenverhältnis für den Fall seiner Inanspruchnahme haftbar zu machen.

Bei Anwendung des Produkthaftungsgesetzes kommt der Vereinbarung über die Haftungsverlagerung im Außenverhältnis geringe Bedeutung zu. Das 1990 in Kraft getretene Produkthaftungsgesetz schließt wegen seiner Grundkonzeption als Gefährdungshaftung eine auch nach außen wirkende Haftungsreduzierung aus. Außerhalb des eng begrenzten Ausnahmekataloges des § 1 Abs. 2 und Abs. 3 ProdHaftG wäre die Delegation wirkungslos. Eine „schlichte" Modifizierung des Kreises der Ersatzpflichtigen scheitert schon an § 14 ProdHaftG.

Die Bedeutung von Qualitätssicherungssystemen für die Reduzierung des Haftungsrisikos nach dem ProdHaftG ist durch diese Feststellungen nicht berührt, weil es dabei zuvörderst um die Frage geht, wie Haftungsrisiken überhaupt reduziert werden können. Der haftungsbegründende Tatbestand des § 3 ProdHaftG, das „fehlerhafte Produkt", wird in den wohl überwiegenden Fällen nur durch eine Definition von Verhaltensgeboten spezifiziert werden können, also letztlich durch die Verkehrssicherungspflichten, die auch für die Begründung der Produzentenhaftung nach den §§ 823 ff. BGB von Bedeutung sind. Aus diesem Grund ist eine auf Arbeitsverfahren bezogene Qualitätsvereinbarung für die Entlastung von Hersteller und Zulieferer selbstverständlich von Bedeutung.

7.5.2 Haftungsausgleich im Innenverhältnis

Für den Haftungsausgleich im Innenverhältnis kommt es nach § 5 S. 2 ProdHaftG auf den Anteil und das Maß der Schadensverursachung an. Gegen eine vertragliche, durch Qualitätssicherungsvereinbarung geregelte Regresslösung bestehen dabei keine Bedenken. (Kreifels, ZIP 1990, S. 489, 495: „Auch das neue Produkthaftungsrecht lässt intern wirkende Regelungen zwischen den Unternehmen der einzelnen Fertigungsstufen zu. Die amtliche Begründung zu § 14 ProdHaftG wie auch zu § 3 ProdHaftG bestätigt dies ausdrücklich", BT-Drucksache 11/2447 vom 9. 6. 1988. Vgl. auch Nagel, DB 1991, S. 319, 325.) Im Innenverhältnis können die Qualitätssicherungsvereinbarungen die Ausgleichsregelungen der §§ 426 BGB, 5 S. 2 ProdHaftG ersetzen.

Wegen der Haftungsdogmatik des ProdHaftG, Haftung ohne Verschulden, ist es bedenkenlos, den Innenregress nach dem Verursachungsprinzip auszugestalten. In diesem Zusammenhang hat dann die Aufgabenverteilung zwischen den an der Herstellung beteiligten Produzenten große Bedeutung. Auf das vom Zulieferer bezogene Produkt konzentriert, bedeutet dies, der Fehler und seine schädigende Wirkung beim Dritten bestimmen die Haftung des Zulieferers. Soweit es bei dieser Haftungssituation nicht bleiben soll, sind wegen des AGB-Gesetzes die jeweils einschlägigen gesetzlichen Haftungsmaßstäbe zu ermitteln. Hat der Verwender Verkehrssicherungspflichten delegiert, die über den durch das ProdHaftG für den Zulieferer bestimmten maßgeblichen Haftungsbereich hinausgehen, so führt grundsätzlich auch nur eine schuldhafte Pflichtverletzung zur Innenhaftung.

7.6 Lieferantenbeurteilung

7.6.1 Notwendigkeit

Allgemein obliegt es dem Endhersteller, im Hinblick auf die Anforderungen an das Endprodukt *geeignete* Zulieferer auszuwählen. Der Endhersteller muss sich daher einen Überblick verschaffen, ob das Zulieferunternehmen genügend Sachkunde und geeignete Produktions- und Kontrollanlagen besitzt, um für das Endprodukt taugliche Produkte mangelfrei herzustellen zu können (vgl. Foerste, S. 413; Kullmann/Pfister, Abschnitt 3250, S. 6 f.).

Der Umfang der Lieferantenbeurteilung richtet sich zum einen nach der Bedeutung des Zulieferteils für das Gesamtprodukt. Je größer die Bedeutung des Zulieferprodukts für die Gefährlichkeit einer Ware ist, desto höher sind die Anforderungen, die an die Lieferantenbeurteilung gestellt werden. Sind keine besonderen Gefahren (insbesondere keine Personenschäden) durch das Zulieferteil zu erwarten, so dürfte es in der Regel ausreichend sein, dass sich der Lieferant in der Branche als geeignet ausgewiesen hat. Anderenfalls muss der Endhersteller zusätzlich Referenzen einholen oder das Unternehmen vor Ort auf seine Eignung überprüfen (vgl. Foerste, S. 414)

Zum anderen wird der Umfang der Lieferantenbeurteilung durch die Art der Lieferbeziehung bestimmt, d. h., es kommt darauf an, ob eine horizontale oder vertikale Arbeitsteilung vorliegt (horizontale Arbeitsteilung entspricht der sog. Auftragsfertigung; der Endhersteller vergibt hierbei bestimmte Arbeitsgänge oder Produktionsphasen an andere Unternehmen; im Gegensatz hierzu werden bei vertikaler Arbeitsteilung Zulieferprodukte vom Endhersteller gekauft, da er sie weder besitzt noch selbst fertigen kann; Konstruktion und Fabrikation der Zulieferprodukte liegen bei vertikaler Arbeitsteilung in Hand des Zulieferers; vgl. hierzu Foerste, S. 409f. und Kullmann/Pfister, Abschnitt 3250, S. 2f.) bzw. inwieweit durch die QS-Vereinbarungen Verkehrssicherungspflichten auf den Zulieferer übertragen werden sollen. Werden dem Lieferer im Rahmen der QS-Vereinbarung Verkehrssicherungspflichten übertragen (etwa Konstruktionspflichten), so muss sich der Endhersteller davon überzeugen, dass der Zulieferer dieser auftragsbezogenen Pflichtenübernahme auch gerecht werden kann. Es reicht hierbei nicht aus, sich auf Zusicherungen des Lieferanten zu verlassen, vielmehr muss der Endhersteller sich selbst vor Ort einen Überblick verschaffen (vgl. Kullmann/Pfister, Abschnitt 3250, S. 12f.).

7.6.2 Vorgehensweise

Da der Umfang der Lieferantenbeurteilung von der Gefährlichkeit des Zulieferprodukts für das Gesamtprodukt abhängt, lässt sich keine allgemein gültige Vorgehensweise beschreiben. Nachfolgend werden daher Verfahrensweisen wiedergegeben, die sich in der Praxis (siehe z. B. das vom VDA empfohlene Beurteilungsverfahren von Zulieferern, VDA [Hrsg.], Sicherung der Qualität von Lieferungen in der Automobilindustrie – Lieferantenbewertung/Erstmusterprüfung, Frankfurt a. M. 1975) bewährt haben.

Zu einer Lieferantenbeurteilung gehört die geeignete Lieferantenauswahl sowie Lieferantenüberwachung bzw. Auditierung des Lieferanten.

Die Beurteilung eines Lieferanten ist demnach nicht nur bei Erstlieferanten nötig, vielmehr muss der Endhersteller kontinuierlich die Wahrung der gesetzten Qualitätsanforderungen auch bei langfristigen Lieferbeziehungen überprüfen (vgl. Hollmann, QZ 1988, S. 499 [500]). Die Lieferantenbeurteilung dient neben der Erfassung der Leistungsfähigkeit des Zulieferers auch der Förderung und Entwicklung der Geschäftsbeziehungen (vgl. Pfeifer, S. 163).

Die Lieferantenauswahl macht eine Marktforschung notwendig, durch die alle potentiellen Anbieter ermittelt werden. Darauf aufbauend muss eine wertanalytische Betrachtung dieser potentiellen Zulieferer vorgenommen werden. Es gilt dabei für den Endhersteller, Zulieferer zu finden, die seinen Anforderungen an Qualität, Kosten und Lieferterminen gerecht werden. Dabei kann es leicht zu Zielkonflikten kommen, die einer individuellen Abwägung bedürfen (vgl. Pfeifer, S. 163).

Für die Lieferantenbewertung bietet es sich an, einen Zielkatalog aufzustellen, der z. B. Angaben zu folgenden Bereichen enthalten könnte (Foerste, S. 413 f.):

Zum einen muss aus der Lieferanteneinschätzung die Eignung der Produkteigenschaften zur Erfüllung des Auftrags hervorgehen. Anzeichen hierfür sind die Qualitätsmerkmale, die Zweckmäßigkeit und Funktionstüchtigkeit der Zulieferteile sowie die Verträglichkeit mit anderen Produktteilen des Assemblers.

Weiterhin muss der Zulieferer zuverlässig sein, d. h., er muss sich durch eine hohe Termin- und Mengentreue sowie eine gleichbleibende Qualität seiner Zulieferteile auszeichnen.

Daneben bieten die Zahlungsbedingungen ein weiteres Beurteilungskriterium. Lange Zahlungszeiten, günstige Preise sowie das Kulanzverhalten im Reklamationsfall oder die Möglichkeit von Gegengeschäften heben Zulieferer positiv ab.

Ferner sollten Aspekte wie die Flexibilität des Zulieferers bei kurzfristigen Änderungen, die Ausstattung des Lieferanten oder dessen Deckungsschutz der Haftpflichtversicherung Berücksichtigung finden.

Die Leistungsfähigkeit der potentiellen Zulieferer ist an den so aufgestellten Zielen zu messen. Es bieten sich für die Auswertung insbesondere drei verschiedene Verfahren an. Es sind dies das Checklistenverfahren, die Produktbewertungsmethode und das Geldwertverfahren (vgl. Pfeifer, S. 164 ff.).

7.6.3 Zutrittsrechte

Damit die Audits beim Zulieferer durchgeführt werden können, ist es für den Endhersteller notwendig, gewisse Zutrittsrechte zum Unternehmen des Zulieferers eingeräumt zu bekommen und Rechte zur Einsichtnahme gewisser Dokumente (z. B. bestimmter Prüfdokumente) zu haben.

Die Ansprüche auf Zutrittsrecht des Endherstellers gründen auf mehreren Erfordernissen:

Zum einen muss der Endhersteller aufgrund der deliktsrechtlich relevanten Organisationspflichten der Lieferantenbeurteilung nachkommen, wozu meist auch eine Begutachtung vor Ort notwendig ist. Zum anderen muss der Zulieferer seiner Informationsverantwortung bzw. -mitverantwortung gerecht werden, was ebenso Kenntnisse des Endherstellers über Qualifikation, Ausstattung und Gesamtdarstellung des Zulieferunternehmens erfordert, die der Endhersteller zum Teil nur vor Ort erlangen kann (vgl. Steckler, BB 1993, S. 1225 [1226]; Hollmann, QZ 1988, S. 499 [500]).

Zudem lassen sich diese Rechte aus der gesetzlichen Regelung des § 809 BGB herleiten, wonach bei vorliegendem Anspruch auf Besichtigung diese bei begründetem Interesse nicht verwehrt werden darf. Ferner können die §§ 640 und 666 BGB bereits Anspruchsgrundlagen für Zutrittsrechte und Besichtigungsansprüche begründen.

So sind pauschale Zutrittsrechte grundsätzlich als unbillige Benachteiligung des Zulieferers aufzufassen, welche nach § 9 I, II Nr. 1 AGBG unzulässig sind (vgl. v. Westphalen, CR 1993, S. 65 [72]).

Sind die Zutrittsrechte begrenzt auf die im Rahmen des Lieferantenaudits zu überprüfende Existenz und Wirksamkeit des QM-Systems des Zulieferers und ist zudem vereinbart, die dadurch gewonnenen Informationen gegenseitig vertraulich zu behandeln, so bestehen gegen diese Bestimmungen keine Bedenken (vgl. Quittnat, BB 1989, S. 571 [573]).

Gehen die Zutrittsrechte über die im Rahmen der Auditierung notwendigen hinaus, so muss dafür ein berechtigtes Interesse oder ein angemessener Grund vorliegen (z. B. die Einsichtnahme in bestimmte Geschäftsunterlagen des Zulieferers, um das Erfordernis und das Ausmaß einer Rückrufaktion abschätzen zu können), um diese Befugnisse rechtfertigen zu können.

Werden Bestimmungen vom Endhersteller so ungewöhnlich weitreichend interpretiert, dass der Zulieferer mit derartigen „überraschenden Klauseln“ nicht rechnen konnte, so sind diese auch nach § 3 AGBG nichtig (vgl. Merz, S. 347).

Werden durch die Zutrittsrechte des Endherstellers Geschäftsgeheimnisse des Zulieferers berührt, so müssen die Kontrollrechte auf anderem Wege gewahrt werden, falls dies möglich ist.

Empfehlenswert ist es, Schutzvorkehrungen zugunsten des Zulieferers in den QS-Vereinbarungen zu treffen (z. B.

könnte vereinbart werden, im Konfliktfalle eine neutrale dritte Person einzuschalten oder bei Ausnutzung der Zutrittsrechte zum Schaden des Lieferanten fühlbare Vertragsstrafen vorzusehen).

7.7 Dokumentations-, Aufbewahrungspflicht und Pflicht zur Einsichtnahmegewährung

Die Dokumentation von produkt- und prozessbezogenen Daten ist ein unverzichtbares Instrument der Qualitätssicherung, um Fehler systematisch auszuschalten. Sie helfen, den Produktionsprozess überschaubarer zu machen. Außerdem dient sie der Entlastung bei eventuell auftretenden Rechtsauseinandersetzungen (vgl. Pfeifer, S. 145).

In QS-Vereinbarungen werden regelmäßig Regelungen über die Dokumentation des Zulieferers getroffen, weil sie dem qualitätsbezogenen Informationsaustausch der Vertragsparteien dient. Einzelne Regelungsbereiche sind die Art und Weise der Dokumentation, die Aufbewahrungsdauer und die Einsichtnahmemöglichkeit durch den Endhersteller.

Beispiel
Dokumentation des Zulieferers

Der Lieferer wird (kontinuierlich) über die Durchführung aller vorgenannten Qualitätssicherungsmaßnahmen, insbesondere über Messwerte und Prüfungsergebnisse (in der Produktionsstätte) Aufzeichnungen anfertigen. Die Dokumentation sowie etwaige Muster der Vertragsgegenstände sind übersichtlich geordnet mindestens ___ Jahre jederzeit verfügbar zu halten. Der Lieferer wird auf Wunsch für die gelieferten Vertragsgegenstände vollständige Einsicht in seine Qualitätsaufzeichnungen gewähren und gewünschte Muster ... aushändigen, soweit dadurch nicht Einblick in Betriebsgeheimnisse des Lieferers erlangt wird und für die Einsichtnahme ein angemessener Grund besteht.

7.7.1 Rechtliche Einordnung von Dokumentationsregelungen

In der Regel stellt die Dokumentationspflicht in QS-Vereinbarungen eine Nebenpflicht des Erwerbsgeschäfts dar.

Nach dem Kauf- bzw. Werkvertragsrecht gehört zu den Grundpflichten der Leistungserfüllung des Zulieferers lediglich die Lieferung der geschuldeten Ware, nicht aber die Dokumentation der damit zusammenhängenden Vorgänge. Dokumentationsregelungen in QS-Vereinbarungen stellen somit eine zusätzliche Verpflichtung, d.h. eine *Zusatzleistung* des Zulieferers dar.

Diese zusätzlichen Aufwendungen des Zulieferers sind AGB-rechtlich nur zu rechtfertigen, wenn die Dokumentation handelsüblich ist (§ 346 HGB), d.h., wenn es eine Verkehrssitte der jeweiligen Branche ist, und mit entsprechenden Vergünstigungen für den Zulieferer einhergeht (vgl. Merz, S. 340).

Dokumentationsklauseln können aber auch als gesonderter Geschäftsbesorgungsvertrag eingestuft werden. In diesem Fall stützt sich die Dokumentationspflicht des Zulieferers auf die in § 666 BGB festgelegte Auskunfts- und Rechenschaftspflicht.

Der Dokumentation kommt somit aus haftungsrechtlicher Sicht ausschließlich die Funktion eines Beweismittels zu (vgl. Franz, S. 236f.).

7.7.2 Zum Umfang und Inhalt der Dokumentation

Der Umfang und Inhalt der Dokumentation ist einerseits produktabhängig. Zum Beispiel sind für eine Prüfungsdokumentation insbesondere das Prüfteil, die dokumentationspflichtigen Merkmale, die Prüfart, der Prüfumfang, das Datum und der Prüfer festzuhalten.

Die Dokumentation bezieht sich aber anderseits nicht nur auf das Zulieferprodukt, sondern ebenso auf die Beschreibung des QS-Systems, die Spezifizierung und Prüfung der Roh- und Hilfsstoffe sowie der Verpackungsmaterialien. Genauso gehört der Produktionsablauf beschrieben und kontrolliert und die Systematik der Datenarchivierung festgehalten. Schließlich sollten zudem Revisionsnachweise und Krisenpläne vorhanden sein.

Da die Dokumentation auch den Zweck hat, bei etwaigen Schadensersatzansprüchen als Beweismittel zu dienen, ist es empfehlenswert, die Dauer der Aufbewahrung nach den gesetzlichen Gegebenheiten auszurichten. Danach ist zu beachten, dass nach § 13 Abs. 1 Satz 1 ProdHaftG Produkthaftungsansprüche nach zehn Jahren, nachdem das Produkt durch den Endhersteller in Verkehr gebracht wurde, erlöschen. Diese Frist von zehn Jahren kann sich nach §§ 209 ff. BGB (insbesondere § 218 BGB) noch verlängern. Zudem verjähren verschuldensabhängige Produkthaftungsansprüche nach § 823 BGB erst nach 30 Jahren (dazu: Kreifels, ZIP 1990, S. 489 [494 f.]).

Oftmals ist allerdings eine derart lange Aufbewahrungszeit der anfallenden Datenmengen aufgrund knapper Lagerkapazitäten nicht möglich, so dass eine Kosten-Nutzen-Abwägung getroffen werden muss. Hierbei sollte bedacht werden, dass ein Produkthaftungsfall sehr schnell eine Dimension annehmen kann, die für ein Unternehmen existenzbedrohend sein kann (vgl. Kreifels, ZIP 1990, S. 489 [494f.]). Daneben sollten für die Ermittlung einer individuell sinnvollen Aufbewahrungsfrist der Dokumentationen insbesondere die voraussichtliche Lebensdauer bzw. Gebrauchsmöglichkeit des Endprodukts und die Sicherheitsrelevanz des Bauteils für das Endprodukt (vgl. Nagel, DB 1991; S. 319 [324]) Berücksichtigung finden. Ferner muss beachtet werden, ob in den QS-Vereinbarungen vom Gesetz abweichende längere Gewährleistungsfristen festgelegt sind.

Regelungen über die Aufbewahrungszeiten von Dokumentationen in QS-Vereinbarungen, die über die so ermittelte Dauer hinausgehen, sind unwirksam, da dann von keinem schutzwürdigen Interesse des Endherstellers an der Dokumentation ausgegangen werden kann (vgl. Merz, S. 342).

7.7.3 Zur Art und Weise der Dokumentationsaufbewahrung

Da die Dokumentation u.a. der Beweisführung dienen soll, muss sie dergestalt sein, dass sie vom Gericht auch als Beweismittel anerkannt wird (vgl. Kreifels, QZ 1992, S. 77 [80]).

Wird die Dokumentation aus praktischen Erwägungen heraus in das Datenbankkonzept der Qualitätssicherung (Computer Aided Quality Control) (vgl. Steckler, BB 1993, S. 1225 [1230]) eingebunden, ist zwar ein klassischer Urkundenbeweis nicht mehr erbringbar, dafür aber kann auf der anderen Seite recht einfach eine geschlossene nachvollziehbare Indizienkette aufgezeigt werden, die bei Absicherung vor nachträglicher Verfälschungsmöglichkeit vor Gericht berücksichtigt werden kann.

Dabei muss darauf geachtet werden, dass die Genauigkeit der Datenerfassung, die Sicherheit der Datenwiedergabe, die

Logik der Datenauswahl und -verknüpfung, die Nachprüfbarkeit, Unverfälschlichkeit sowie die Beständigkeit der Daten gewährleistet sind.

7.7.4 Zur Vernichtung von Dokumentationen

Regelungen, die dem Endhersteller bezüglich der Vernichtung von Dokumentationen nach Ablauf der Aufbewahrungsfrist ein Mitspracherecht einräumen, sind wiederum unter dem Gesichtspunkt der Zumutbarkeit für den Zulieferer nach § 9 AGBG zu bewerten. Insbesondere ist also im Einzelfall zu untersuchen, inwieweit beide Vertragsparteien auf die Entscheidung einwirken können und ob dem Endhersteller noch ein berechtigtes Interesse an einer weiteren Aufbewahrung zugesprochen werden kann.

7.7.5 Zur Einsichtnahme in die Dokumentationen des Zulieferers durch den Endhersteller

Nach herrschender Meinung ist es rechtlich ohne Bedenken, den Zulieferer zu verpflichten, Dokumentationen zu erstellen, auf die der Endhersteller in gewissem Umfang zugreifen kann. Begründet wird dies mit der ansonsten bestehenden Beweisnot, in die der Endhersteller gerät, wenn er gegenüber dem Verbraucher zur Haftung herangezogen werden soll, da nur der Zulieferer bezüglich des Teilprodukts den Fertigungsprozess vollständig überblickt. Da den Endhersteller im Innenverhältnis nur selten die Beweislast trifft, gereicht das Recht zur Einsichtnahme in der Regel nicht zum Nachteil des Zulieferanten. Die Dokumentation hat somit sowohl für den Assembler als auch für den Zulieferer überwiegend entlastenden und nicht belastenden Charakter (vgl. Franz, S. 238 ff.).

Abkürzungsverzeichnis

AGB	Allgemeine Geschäftsbedingungen
AGBG	Gesetz über die allgemeinen Geschäftsbedingungen
AMG	Arzneimittelgesetz AtomG Atomgesetz
BB	Betriebsberater
BGB	Bürgerliches Gesetzbuch
BGH	Bundesgerichtshof
BGHVersR	Entscheidungen des Bundesgerichtshofes im Versicherungsrecht
BGHZ	Entscheidungen des Bundesgerichtshofes in Zivilsachen
BImSchG	Bundesimmissionsschutzgesetz
BVerfG	Bundesverfassungsgericht
CAM	computer-aided/assisted manufacturing
CEN	Comité Européen de Normalisation
CENELEC	Comité Européen de Normalisation Electrotechnique
CIM	computer integrated manufacturing
DB	Der Betrieb
DIN	Deutsches Institut für Normung e. V.
DVGW	Deutscher Verein des Gas- und Wasserfaches e. V.
ETSI	European Telecommunication Standards Institute
Eug	Europäisches Gericht I. Instanz
EuGH	Europäischer Gerichtshof
GenTG	Gentechnikgesetz
GewO	Gewerbeordnung
GG	Grundgesetz
GL	German Lloyd

HGB	Handelsgesetzbuch
HGB	Handelsgesetzbuch
IEC	International Electrotechnical Commission
ISO	International Organization for Standardization
LG	Landgericht
NJW	Neue Juristische Wochenschrift
OLG	Oberlandesgericht
ProdHaftG	Produkthaftungsgesetz
QS	Qualitätssicherung
QZ	Qualität und Zuverlässigkeit
RAL	Ausschuss für Lieferbedingungen und Gütesicherung e. V.
StVZO	Straßenverkehrs-Zulassungsordnung
UmweltHG	Gesetz über die Umwelthaftung
VDA	Verband der Automobilindustrie
VDE	Verband Deutscher Elektrotechniker e. V.
VDI	Verein Deutscher Ingenieure e. V.
VersR	Versicherungsrecht
WHG	Wasserhaushaltsgesetz
ZIP	Zeitschrift für Wirtschaftsrecht

Literatur

Belz, August: Schadensersatz und Produkthaftung, 2. Aufl., Stuttgart 1992.

BGH: NJW 1991.

Bodenschatz, Werner; Fichna, Gudrun; Voth, Dietrich: Produkthaftung, 4. Aufl., Frankfurt a. M. 1990.

Deutsch, Erwin: Allgemeines Haftungsrecht, 2. Aufl., Köln 1995,

Deutsch, Erwin: Unerlaubte Handlungen, Schadensersatz und Schmerzensgeld, 3. Aufl., Köln 1995.

Ensthaler, Jürgen: Haftungsrechtliche Bedeutung von Qualitätssicherungsvereinbarungen, NJW 1994, 817 ff.

Ensthaler, Jürgen: Juristische Aspekte des Qualitätsmanagement, Berlin 1997.

Ensthaler, Jürgen: Zivil- und strafrechtliche Produktverantwortung, in: Masing, Walter: Handbuch Qualitätsmanagement, 4. Aufl., München 1999, S. 745 ff.

Foerste, Ulrich: Deliktische Haftung, in: Westphalen, Friedrich von (Hrsg.): Produkthaftungshandbuch, Bd. 1, München 1989.

Franke: Qualitätsmanagement bei Zulieferungen, in: Masing, Walter: Handbuch Qualitätsmanagement, 4. Aufl., München 1999, S. 425 ff.

Franz, Birgit: Qualitätssicherungsvereinbarungen und Produkthaftung, Baden-Baden 1995.

Grunewald: NJW 1995.

Hollmann: QZ 1988.

Immenga, Ulrich; Mestmäcker, Ernst-Joachim: GWB, 2. Aufl., München 1992.

Kreifels: QZ 1992.

Kreifels: ZIP 1990.

Kullmann, Josef; Pfister, Bernhard (Hrsg.): Produzentenhaftung, Loseblatt, Berlin 1980.

Kullmann: BB 1987.

Larenz, Karl; Canaris, Claus-Wilhelm: Lehrbuch des Schuldrechts, Bd. II/2, München 1994.

Martinek, Michael: Moderne Vertragstypen, Band III, München 1993.

Martinek, Michael: Zulieferverträge und Qualitätssicherung, Köln 1991.

Medicus, Dieter: Bürgerliches Recht, 16. Aufl., Köln 1993.

Mertens, Hans-Joachim: Unerlaubte Handlungen, in: REBMANN, Kurt (Hrsg): Münchener Kommentar zum Bürgerlichen Gesetzbuch, 2. Aufl., Bd. 3 Schuldrecht, München 1986.

Merz, Axel: Qualitätssicherungsvereinbarungen, München 1992.

Merz, Axel: Qualitätssicherung, in: Westphalen, Friedrich von: Produkthaftungshandbuch, Band 1, 2. Aufl., München 1997, 3. Teil: Qualitätssicherung.

Nagel: DB 1991.

Pfeifer, Tilo: Qualitätsmanagement – Strategien, Methoden, Techniken, München 1993 und 2001

Popp, Klaus: Die Qualitätssicherungsvereinbarung, München 1992.

Quittnat: BB 1989.

Schmidt-Salzer, Joachim: Verbraucherschutz, Produkthaftung, Umwelthaftung, Unternehmensverantwortung, NJW 1994, S. 1305–1315.

Schmidt-Salzer: BB 1987.

Steckler: BB 1993.

Teichler: BB 1991.

Ulmer, Peter: AGB-Gesetz, 7. Aufl., Köln 1993.

VDA (Hrsg.): Sicherung der Qualität von Lieferungen in der Automobilindustrie – Lieferantenbewertung/Erstmusterprüfung, Frankfurt a. M. 1975.

Westphalen, Friedrich von: CR 1993.

Mit DQS-Dienstleistungen zu Business Excellence

Mehr als 28 000 zertifizierte Managementsysteme weltweit
Zugelassen für über 50 Regelwerke

Innovative Lösungen für Business Excellence, maßgeschneidert und praxisorientiert:

- *FastForward – das Kick-off zu Business Excellence mittels moderierter Selbstbewertung*
- *IBEC-Module – mit IQNet Business Excellence Class zu Process-, Project- und Benchmarking-Excellence*
- *IBEC-Assessment – ganzheitlich mit integrierter Zertifizierung*

www.dqs.de

DQS GmbH
Deutsche Gesellschaft zur Zertifizierung von Managementsystemen

August-Schanz-Straße 21
60433 Frankfurt am Main
Tel. +49 69 95427-0